PLAIDOYER

POUR Mᴱ LINGUET,

AVOCAT AU PARLEMENT,

Prononcé par lui-même en la Grand'Chambre,
les 4 & 11 Janvier 1775 :

AVEC L'ARRÊT INTERVENU EN SA FAVEUR.

A PARIS,

DE L'IMPRIMERIE DE PHILIPPE-DENYS PIERRES,
rue Saint-Jacques.

M. DCC. LXXV.

DES raisons particulieres ont déterminé à supprimer l'espece d'Avertissement qui étoit contenu dans les vingt premieres pages de cet Imprimé ; c'étoit un objet absolument séparé du Plaidoyer , on n'a pas cru devoir le confondre. L'édition étoit faite , il a été impossible de réparer la défectuosité qui se trouve dans l'ordre des chiffres.

PLAIDOYER

Pour Me LINGUET, Avocat au Parlement, prononcé par lui-même en la Grand'Chambre, les 4 & 11 Janvier 1775, avec l'Arrêt intervenu en sa faveur.

MESSIEURS;

L'Orateur Romain exilé, proscrit juridiquement sans avoir été admis à se défendre, après avoir éprouvé tous les excès que peuvent se permettre dans des tems de trouble des factions furieuses, & des ennemis acharnés, plaidant pour lui-même devant un Sénat auguste, réclamoit les Loix de la Patrie, l'équité, les formes, toutes violées dans le jugement rendu contre lui.

*Quel est mon crime, s'écrioit-il? Où sont mes accusateurs? Où sont leurs preuves**? Il ajoutoit: *Quoi de plus affreux que*

---

* *Ubi crimen est* ? *Ubi accusator* ? *Ubi testes* ? *Pro domo sua.*

*d'avoir livré, sans l'avertir, sans l'entendre, un Citoyen irré-prochable, à la cabale qui le poursuivoit? Pourroit-on regarder une semblable proscription comme un jugement? Et si la pièce à laquelle on veut approprier ce nom, est conçue dans des termes qui en démontrent l'injustice & la fausseté, n'est-elle pas nulle de plein droit * ?*

Il seroit plus flatteur, sans doute, de lui ressembler au-trement que par des malheurs: mais enfin, MESSIEURS, de cette triste & unique conformité, il résulte pour moi du moins un avantage; c'est de trouver dans la justification de ce grand Homme, le plan de la mienne, & de pou-voir, d'après le succès qu'elle eût aux beaux jours de *Rome*, présager celui qu'elle me promet aujourd'hui.

Quand *Ciceron*, malgré ses services & son innocence s'étoit senti frapper des peines dûes au crime, les Loix étoient sans force; le plus dangereux de tous les despotis-mes, celui de l'anarchie, écrasoit les talens qui lui faisoient ombrage, & les vertus qu'il désespéroit de corrompre. Tous les Ordres de l'Etat également consternés, languissoient dans le silence du désespoir; privés du droit de manifester leurs sentimens secrets, ils n'avoient à donner à leur ven-geur qu'une douleur muette, & des larmes impuissantes.

Mais quand sa voix fortifiée par le sentiment des inju-res passées éclatoit devant le Collége des Pontifes, &

___

* Quid indignius quàm qui neque adesse sit jussus, neque citatus, de ejus capite, conductos........ suffragium ferre, & eam legem putare ?..... Quid si iis verbis scripta est ista proscriptio, ut se ipsa dissolvat ?..... nulla est. *Ibid.*

qu'un

qu'un Auditoire immenfe s'attendriſſoit à la peinture des maux que la révolution précédente lui avoit caufés, une heureuſe régénération rempliſſoit de joie tous les eſprits: l'ordre venoit de renaître: la juſtice, les mœurs éclipſées, preſque ſubmergées pendant l'orage, commençoient à éle-ver la tête au-deſſus des flots qui ſe calmoient, & leurs regards majeſtueux portoient la férénité dans tout l'atmoſ-phère ſi longtems privé de leurs influences.

Me ferois-je trompé dans l'eſpoir que m'inſpire ce tableau ? Aurois-je le malheur de demander en vain juſtice à une Cour qui vient elle-même de l'obtenir avec tant de gloire ? Et ma perte feroit-elle le feul monument que l'on voulut con-ferver d'une époque dont il ne faudroit garder le fouvenir, que pour fentir combien il eſt important de travailler à l'éteindre ? Époque fatale, dont je n'ai, comme tant de Citoyens honnêtes, été que la victime ; époque où les Loix redemandoient leurs Protecteurs, où la Juſtice pleuroit ſes guides, où ſon glaive flottant dans des mains incertaines portoit ſes coups au hafard, & faifoit preſque toujours pâlir l'innocence, même en puniſſant le crime.

Non, Messieurs, mon eſpoir ne ſera pas vain. Aux triſtes fingularités dont ma vie n'eſt déja que trop remplie, il ne faudra pas joindre celle d'avoir eſſuyé tous les incon-véniens du défordre, fans participer aux avantages de la reſtauration, & de ne rien gagner au retour de la Magiſ-trature, après avoir tant ſouffert de ſon éloignement.

Je vous redemande la portion la plus précieuſe de l'exiſ-tence d'un Citoyen, mon état que je n'ai point mérité de perdre. Je ne redemande pas l'honneur ; je ne crois pas l'avoir

D

perdu. L'indigne traitement que j'ai eſſuyé, eſt, comme le dit encore l'Orateur immortel que j'ai déjà eu l'honneur de vous citer, *eſt un malheur, & non pas un opprobre;* il n'auroit pu devenir ignominieux qu'autant *qu'il auroit été la punition d'un délit* *, & il n'y avoit ici ni délit, ni lieu en aucun ſens à l'application d'une peine.

Je ne craindrai pas de dire avec le vainqueur de *Catilina :* Où eſt mon crime? Où ſont mes accuſateurs? Où ſont leurs preuves?

Un Mémoire juridique & néceſſaire dans les circonſtances, a été jugé & proſcrit comme un Libelle clandeſtin, ſur une dénonciation chimérique, ſur un faux expoſé, ſur un prétexte plus faux encore. Voilà le fantôme de corps de délit ſur lequel vous avez à prononcer. Pour vous mettre en état d'apprécier cette Piéce, oubliée aujourd'hui, comme tous les objets qui ne ſont pas d'un intérêt général, il faut que j'en retrace les détails ſous vos yeux, & pour les rendre intelligibles, je ſuis obligé de remonter juſqu'à la terrible, la trop mémorable affaire qui en eſt la véritable ſource.

Ne croyez pas qu'en annonçant la relation qui ſe trouve entre mes malheurs & cet effrayant procès, je cherche à ſurprendre une commiſération qui ne me ſeroit pas due, & au défaut de raiſons, à me donner avec adreſſe l'apparence d'un homme ſacrifié à d'injuſtes reſſentimens : non, je n'ai pas beſoin de cet artifice; mes perſécuteurs m'ont épargné la tentation même d'y recourir.

---

* Quandò igitur eſt turpe ? (exilium) revera, quandò eſt pœna peccati? (*Ibid.*)

L'unique forme qui ait été obfervée au moment où on les violoit toutes pour me perdre, eft feule une démonftration palpable, que ceux mêmes qui ont prononcé le jugement dont je me plains, ont cru mettre par-là le complément à cette cruelle affaire.

Il a été rendu, par ce qu'on appelloit alors *la Grand'- Chambre* & *la Tournelle* affemblées : mais perfonne n'ignore que cette pompe judiciaire eft parmi nous un appanage exclufif de la *Nobleſſe*. Si l'on n'avoit cru juger que moi, fi c'étoit un délit poftérieur & indifférent à l'affaire du C. de M., contre lequel on eût voulu févir, on fe feroit bien gardé d'appeller la vengeance avec tant de fracas.

Je n'en rougis point ; né dans cette claſſe médiocre, à laquelle les occafions ne manquent pas de s'élever par la vertu, & qui, fi elle n'a pas les avantages des rangs fupérieurs, n'en a pas non plus les obligations, ni les dangers ; dans cette claſſe qui a moins à regretter d'être privée des prérogatives éclatantes, qu'à s'applaudir d'être à l'abri des rebuts injurieux ; dans cette claſſe où l'illuftration eft plus flatteufe, parce qu'elle eft perfonnelle, & la dégradation moins accablante, parce elle eft plus obfcure ; je ne fuis, Messieurs, qu'un fimple Roturier ; je ne méritois pas qu'il fe fit dans cette Magiftrature récente de fi grands mouvemens pour m'écrafer.

Quand j'aurois eu le droit d'ambitionner cet appareil ; au moins auroit-il fallu pour m'en honorer, attendre que je le demandaſſe. Les exceptions à l'ordre commun ne peuvent avoir lieu que quand ceux à qui elles appartiennent déclarent qu'ils veulent s'en prévaloir ; pourquoi donc en faire une à mon préjudice, à moi qui n'avois ni là volonté, ni le pouvoir de la requérir ?

Ah ! pourquoi ? c'est que le C. de M. avoit ce privilége, & qu'il s'en étoit servi. La haine inconséquente de ses ennemis devenus les miens, m'a heureusement fourni, en m'assimilant à lui, six mois après son salut, la preuve que c'étoit de l'avoir sauvé qu'elle cherchoit à me punir ; que mon vrai crime étoit de lui avoir arraché sa proie, & qu'elle auroit été moins acharnée, si ma fermeté avoit été moins heureuse.

Ainsi l'on m'a fait la grace de me juger avec le même appareil qu'auroit exigé la condamnation d'un Gentilhomme, parce que j'avois sauvé l'honneur d'un Membre de la Noblesse. Je me suis vu associé à cet ordre respectable, du moins par les manœuvres qu'on multiplioit pour me punir de l'avoir servi. Encore une fois, MESSIEURS, peut-il y avoir une preuve plus évidente de ce que j'ai eu l'honneur de vous dire, que l'affaire qui vous occupe aujourd'hui est une suite, une dépendance inséparable de celle du C. de M.

Je n'en retracerai point ici l'histoire, quoiqu'elle ne soit qu'à moitié connue ; je n'aurai point l'indiscrétion de révéler des anecdotes plus scandaleuses qu'utiles. Puissent ces cruels mysteres rester ensevelis dans une nuit éternelle : puisque le voile qui les couvre n'a pas été tout-à-fait préjudiciable à l'innocence, épargnons, épargnons à notre siecle, & à la postérité, le spectacle hideux des prévarications qu'il leur dérobe. Bornons-nous à justifier les efforts que des manœuvres ténébreuses rendoient nécesfaires , & laiffons aux remords des coupables le foin de nous venger.

Mais , Messieurs, puis-je parler ici de ces efforts, fans obliger les efprits à rétrograder en même - tems vers la période défaftreufe dont ils portent la date. Les voûtes de ce Sanctuaire n'avoient point jufqu'alors été frappées de ma voix : ne vont-elles pas la repouffer aujourd'hui , & rappeller , par un retentiffement lugubre , qu'en ce moment la Juftice étoit en deuil, que le filence auroit été le feul miniftere qui convînt à fes véritables défenfeurs.

Ce reproche m'infpireroit bien plus d'effroi, fi j'avois été moins cruellement puni de m'y être expofé ! Mais dois-je , puis-je craindre qu'il me nuife , quand il fe trouve affoibli par une expiation anticipée ?

Sans doute je pourrois avoir des inquiétudes , fi je demandois à la Magiftrature la ratification d'un grace furprife en fon abfence. Cette faveur deshonorante s'évanouiroit avec l'ombre qui l'auroit accordée , & la Juftice éconduiroit juftement un coupable, tout chargé , comme a dit un Poëte , *tout chargé des liens de fon iniquité*.

Mais eft - ce donc là ma pofition ? Sont - ce donc des faveurs que j'ai reçues ici pendant votre éloignement ? Ah ! ce que je redemande ici, Messieurs, c'eft l'état que je tenois de vous, & qu'ils m'ont ôté : vous m'aviez revêtu d'un miniftere facré, & ils m'ont puni de l'avoir annobli devant eux.

Annobli ? oui : j'oferai le dire à des Magiftrats que la grandeur & la fenfibilité de leur ame rend dignes de l'entendre. Dans ce moment terrible où l'Autorité déployoit toutes fes reffources , où la Magiftrature faifoit voir aux

Peuples comment on peut concilier une fermeté inébranlable, avec une foumiffion refpectueufe, & l'obéiffance au
Prince, avec l'attachement pour les Loix, deux routes
s'offroient aux yeux des Hommes confacrés par état à
l'exercice périlleux & pénible du Barreau.

Ils pouvoient ou fuivre dans leur retraite des Magiftrats
admirés que l'honneur y accompagnoit, ou refter dans la
carriere pour la confolation & le falut des infortunés
qu'on forçoit d'y défendre leur vie & leur honneur. Prendre le premier parti, c'étoit fe facrifier pour les vrais intérêts de la Patrie fans doute : mais embraffer le fecond,
c'étoit fe dévouer pour fervir fes enfans.

Et s'il exiftoit un homme qui fe fut décidé par ce motif
à rentrer dans la lice, un homme qui, dans ce tems de
calamité, n'eût défendu que des opprimés ; un homme qui
eût facrifié fon tems, fes peines, fes démarches, fa fortune, fon état enfin, pour éclairer la Juftice, pour lui
épargner un crime ! Ah ! Messieurs, qu'il doit être fûr
de trouver dans vos cœurs de puiffans apologiftes.

Lorfqu'une Famille refpectable eft venue baigner mes
mains de pleurs, & me fupplier au nom de la vérité & de
mes fermens, de ne pas refufer à fon Chef un fecours dont
dépendoit fon falut, le vrai crime auroit été de rejetter fes
prieres, & non pas d'y condefcendre. Pour qu'on eût le
droit de me punir d'avoir arraché l'innocence à l'échafaud,
il faudroit prouver que cet échafaud n'étoit pas dreffé,
& qu'en m'abftenant de l'attaquer, l'attentat n'auroit pas
été commis.

Je fuis bien loin de cenfurer perfonne, mais fi *Moïfe* étoit utile à fa République, en élevant fes bras fur la montagne; vers le *Dieu* dont il imploroit la protection, il ne faut pas blâmer *Jofué* qui la méritoit en combattant dans la plaine, & repouffant au prix de fon fang les ennemis d'*Ifraël.*

Je ne me difculperai donc pas d'avoir ofé faire un choix entre ces deux manieres d'être utile. Je vous fupplierai feulement de jetter les yeux fur les procédés par lefquels j'ai foutenu ce choix funefte, & fur les effets plus funeftes encore qui en ont réfulté pour moi.

PREMIERE PARTIE.

Préliminaires du Jugement rendu contre moi le 11 Février 1774.

Quelques combats malheureufement fuivis d'une efpece de célébrité n'avoient paru que le prélude de celui dont la tête du C. de M. devoit être le prix. Ames honnêtes, qui m'aidiez de vos vœux dans cette lutte cruelle, fpectateurs généreux, dans le cœur de qui j'ai trouvé ma récompenfe, atteftés par quels dangers, par quelles amertumes j'ai acheté le funefte honneur de faire triompher la vérité ! rendez compte à ces Magiftrats, dont les yeux l'auroient faifie fans tant d'efforts, fi le malheur de la *France* ne les avoit alors tenus éloignés, de ce qui fe paffoit ici en leur abfence, & des fcènes dont vous avez été témoins.

Tout fe réuniffoit pour favorifer, pour encourager mes confians Adverfaires : rien n'étoit omis de ce qui pouvoit me déconcerter, & m'intimider. Le mot le plus fimple prenoit dans ma bouche un fens criminel ; le gefte le moins fufpeƈt étoit interprété & relevé comme une injure ; les faits les plus conftans paffoient pour des menfonges, parce qu'ils étoient niés avec audace, & qu'une populace immenfe devenoit l'écho de la négative ; il n'y avoit pas de jour où l'on ne vit éclore quelque libelle, où mon Client & moi, nous nous trouvions compromis avec autant de fureur que de malignité. Nouveau *Cadmus* ; à chaque dent que j'arrachois au dragon, la terre fembloit vomir des légions armées pour me combattre.

Le C. de M. chargé de fers, en vertu d'un décret de prife de corps, lancé contre les ufages de la Nation, contre les régles de la procédure, contre les Loix de la Juftice, comme l'évenement l'a prouvé, en avoit interjetté appel.

J'avois plaidé fa caufe avec la franchife, la fermeté, l'intérêt que m'infpiroit fon innocence & fon danger. J'avois démontré l'injuftice du décret, en m'en rapportant aux charges contenues dans l'information. Je m'étois élevé contre le fcandale avec lequel on multiplioit des brochures, deftinées uniquement à prévenir le public ; j'avois obfervé que c'étoit indignement abufer du filence auquel s'étoit condamné depuis un an, par refpeƈt pour les Loix, le Gentilhomme infortuné qu'on s'efforçoit d'y deshonorer, dans l'efpérance de rendre plus vraifemblable l'accufation deshonorante, fous laquelle on vouloit le faire fuccomber.

Et ici même, dans cette Salle, à cette place, confacrée aux oracles du *Miniftere Public*, on avoit foutenu en fon nom, que ces brochures criminelles étoient des bagatelles littéraires,

littéraires, qui ne méritoient pas que la Juſtice daignât s'en occuper ; que quant au décret, il falloit le confirmer, ſans lire les charges, ſans les connoître : & pourquoi s'en diſ-penſer ? *Parce qu'elles formoient un volume énorme, qu'au-cun des Juges, avoit-on dit, n'auroit le courage ou la patience de dévorer.* Voilà ce qui avoit été plaidé publiquement ici, au nom du Miniſtere Public. On avoit refuſé en conſéquence de les lire, ces charges, en affirmant cependant qu'elles conte-noient des preuves contre le Comte ; & ſur cet expoſé, le décret avoit été confirmé, ſans que perſonne eût en effet la hardieſſe de jetter les yeux ſur la maſſe de cette procé-dure vraiment monſtrueuſe.

Alors, MESSIEURS, je l'avoue, mon zéle s'enflamma en raiſon de l'injuſtice dont je me trouvois témoin, & mon Client victime ; le décret lui avoit enlevé la moitié de ſes partiſans : la confirmation de cette procédure inique, alloit ne lui en plus laiſſer. L'impunité accordée aux libelles, fortifioit encore les préjugés ; & ces préjugés, que la Juſ-tice apprécie dans des momens tranquilles, pouvoient de-venir ſes guides, l'aveugler elle-même dans des momens d'orage. Il n'étoit pas impoſſible qu'elle en vînt enfin à re-garder comme une preuve, cette eſpéce de réclamation univerſelle, dont ſa propre mépriſe auroit été la ſource.

Je pris la plume, j'écrivis : je fis parler la vérité. Je le devois. Cette hardieſſe ſeroit, peut-être, repréhenſible au-jourd'hui, parce qu'elle ſeroit inutile : elle étoit néceſſaire alors.

En la ſuppoſant irréguliere, elle ne devenoit qu'un inci-dent du procès : il falloit la joindre au fonds : il ne falloit pas interrompre une inftruction criminelle auffi férieufe, pour un reffentiment particulier.

L'événement feul d'ailleurs, pouvoit fixer la nature de ce prétendu délit. S'il devenoit avantageux au C. de M., il étoit difficile d'imaginer de faire un crime à fon Défenfeur de l'avoir prévu & néceffité.

Cependant, le 2 Juillet 1773, avant même que le premier Juge eût ftatué fur le fort du C. de M., on préfenta au nom du Miniftere Public, à la Compagnie qui fiégeoit ici, une Requête, où j'étois dénoncé avec une violence fans exemple. En reclamant les honneurs & les dignités de la Magiftrature, on s'y permettoit un langage qu'elle défavoue, celui de la paffion, & l'emportement de la calomnie.

On requéroit que je fuffe ignominieufement dégradé de mon miniftere; mais ce qui prouve la honte intérieure que les auteurs de cette réquifition en reffentoient eux-mêmes, & fon exceffive inconféquence, c'eft qu'en demandant ma mort à grands cris, ils prétendoient que je ne cefferois pas pour cela d'être utile au C. de M. *Nous ne devons pas, au furplus,* difoient-ils en propres termes, *être arrêtés par la crainte d'ôter au C. de M. fon Défenfeur; rien n'empéchera qu'il ne continue à lui prêter le fecours de fes confeils.*

Ils fentoient donc combien il étoit odieux d'ajouter à la difgrace d'un infortuné, en le privant de l'homme en qui il avoit mis fa confiance & fes reffources? Ils me croyoient donc au fond de leur cœur, digne d'exercer ma profeffion, au moment où ils preffoient la Juftice de m'en déclarer indigne? Cet aveu arraché par l'évidence, par la nature même des chofes, démontroit & la frivolité de l'accufation , & fon danger autant que fon injuftice.

Etoient-ce donc des confeils dont avoit befoin le C. de M. ? Attaqué par des plumes, dont on affeétoit d'encourager la licence ; par des bouches , dont des milliers de voix intéreffées s'empreffoient à répéter les éclats ; il lui falloit une plume qu'on ne pût pas corrompre, une bouche qu'on ne pût pas fermer. Mes confeils ! Et de quel ufage lui auroient-ils été, lorfque je lui aurois manqué, pour les mettre en pratique ? Quel mortel affez imprudent auroit ofé en faire ufage pour fa défenfe , après la flétriffure qu'ils auroient attirée à fon premier Défenfeur!

Les Juges firent apparemment ces réflexions ; ils frémirent de déférer à une follicitation fi injufte, & fi odieufe ; feulement pour paroître avoir quelques égards au titre refpeétable dont on avoit abufé pour la hafarder, ils ordonnerent que les *termes injurieux* inférés dans l'écrit dénoncé, feroient *fupprimés* ; mais on fe garda bien de fpécifier ces termes, ou de défigner à qui ils pouvoient être injurieux. Et de plus, on recommandoit à l'Auteur de porter *refpeét aux Gens du Roi.*

Mes ennemis triompherent de ce médiocre avantage ; comme d'une viétoire complette. Ce Jugement fut imprimé, avec la Requête, dont les conclufions n'avoient pas été adoptées ; ce qui auroit autorifé à la regarder comme un véritable libelle diffamatoire. On le colporta, on le vendit, avec la même profufion que ces recettes dont la charlatannerie fait ufage pour abufer la crédulité : tous les lieux publics étoient inondés de l'Arrêt rendu *contre l'A-*

vocat du C. de M. On le crioit tout haut fous ce titre qui piquoit les acheteurs; j'ai fçu de l'Imprimeur qu'il s'en étoit débité douze-mille exemplaires en deux jours.

Les meilleurs ouvrages n'ont jamais fait cette fortune; mais elle n'avoit rien de furprenant : les efprits étoient échauffés : c'étoit une affaire de parti : c'étoit même celle de plufieurs partis.

Affurément cette invitation à honorer des Magiftrats; appellés par le Prince à porter la parole en fon nom dans les Tribunaux, n'avoit rien d'infamant. Cet hommage eft un tribut dû à la place ; & quand elle eft remplie par des Hommes dont la perfonne le juftifie, ce devoir n'eft ni difficile, ni embarraffant à remplir.

Cependant il fe forma, dans la pouffiere du Palais, une réfolution fecrette de métamorphofer cet avertiffement tout fimple, en un arrêt de mort : Et ce parti, je l'avoue; MESSIEURS ; car pourquoi le diffimulerois-je ? parut bientôt être celui de prefque tout le Barreau, tel qu'il étoit alors compofé.

Vous n'en ferez pas furpris, fi vous daignez refléchir un moment à la fingularité de ma pofition. Les nombreux Défenfeurs des Adverfaires du C. de M. formoient une portion confidérable de ce petit nombre d'Avocats, de ce détachement de l'Ordre qui combattoit ici fous des enfeignes nouvelles.

Je ne cherche point à pénétrer dans leurs cœurs : Je fuis loin d'interprêter leurs intentions, ou de fuppofer des motifs repréhenfibles à la chaleur qu'ils montroient pour leurs Clients, & qui auroit dû, même à leurs yeux, juftifier la mienne; mais ils avoient été vaincus : c'étoit moi fur-tout qu'ils accufoient de leur défaite, & ils ne me la pardonnoient pas.

Ce n'eft pas tout : par la plus étrange, la plus funefte des conjonctures, l'inftruction de ce procès avoit été enlevée au Châtelet & renvoyée au Bailliage du Palais. Là j'avois trouvé fept Avocats armé de l'urne fatale. Il avoit fallu difcuter, attaquer leur procédure & leur Sentence; il avoit fallu blâmer des décrets de prife de corps, lancés contre des témoins pour ne s'être pas parjurés : il avoit fallu m'élever contre des conclufions qui avoient conduit, après fept mois de la plus affreufe captivité, un Gentilhomme diftingué, Officier général, innocent, à l'affront d'être interrogé *fur la fellette*; il avoit fallu démontrer que la procédure étoit abufive, autant que la Sentence inique; & je l'avois fait.

Je m'étois plus occupé de la méprife des Juges, que de leur titre. J'aurois cru prévariquer fi les égards dûs à la confraternité avoient pu éteindre, ou feulement laiffer affoiblir dans ma main le flambeau que la juftice m'avoit confié pour le falut de l'innocence.

Par-là j'avois encouru la difgrace de ces Juges mi-partis; ils entreprenoient de venger, comme Avocats, l'affront qu'ils croyoient avoir reçu de moi comme Juges. Douze perfonnes, au moins, & des plus employées alors au Barreau, uniffant ainfi leurs intérêts & leurs reffentimens, il n'eft pas étonnant qu'il s'élevât une efpece de réclamation univerfelle pour m'en interdire l'accès : Il ne l'eft pas qu'il fe foit formé une cabale puiffante, qui me pourfuit jufqu'à vos pieds, &

qui vient derniérement encore de me frapper entre vos bras.

Dans cet état, MESSIEURS, dégoûté d'une profession devenue si orageuse, d'une profession qu'un Homme honnête, comme je l'ai imprimé dans le temps *, *ne pouvoit plus exercer sans honte, ou sans danger*, j'allois la quitter de moi-même, & me retirer peut-être avec quelques lauriers, que la foudre n'avoit point encore flétris.

Une Femme de Qualité, dont je ne puis prononcer le nom sans une vive admiration & un attendrissement respectueux, en songeant à tout ce qu'elle a souffert à mon occasion; une Femme dont la conduite, depuis un an, est un modele d'héroïsme & de générosité, la *Comtesse de Béthune* m'honoroit de sa confiance : elle m'avoit chargé d'une cause dont dépend son sort & celui de sa Famille; elle me rendit un courage que je ne me trouvois plus pour moi-même. Elle ne me permit pas d'être indifférent sur mes intérêts, en me déclarant qu'ils étoient liés aux siens; elle me conjura, au nom de mes sermens & de sa Famille désolée, de ne pas lui refuser mes secours; elle me fit voir qu'ils lui étoient d'autant plus nécessaires, qu'on mettoit plus d'acharnement à l'en priver; elle daigna me prier de condescendre à des ménagemens qui devoient lui conserver mes services.

J'ai cédé à ses instances, & c'est alors que la haine, la vengeance ont fait les derniers efforts pour consommer leur complot; c'est alors que, par des intrigues inouïes, elles m'ont précipité dans les malheurs que vous allez terminer.

---

* Voyez les Réflexions pour Me. Linguet, Avocat de la Comtesse de Béthune.

Je ne m'appefantirai point fur ces honteux détails. Je fais à mon refpect pour le nom d'*Avocat*, le facrifice de ces anecdotes aviliffantes ; je veux bien laiffer dans l'oubli celui que m'ont fait alors de leur propre gloire des hommes qui le portoient.

Mais il faut bien que je vous dife un mot de leurs manœuvres & des effets qu'elles ont produits, tant pour la *Comteffe de Béthune* que pour moi. Il y en a de puériles, il y en a de cruelles.

Une premiere Affemblée, compofée de douze perfonnes, dont quatre n'y étoient pas attendues, convoquées dans un cabinet privé, prononça contre moi, à la pluralité de *huit voix* contre *quatre*, de ces mêmes quatre dont on auroit bien voulu fe paffer, cette défenfe de plaider pendant un an, qui n'auroit été que ridicule, fi les circonftances ne l'avoient rendue odieufe, fi le defir de mettre la *Comteffe de Béthune* à la difcrétion de fes Adverfaires, n'en avoit été évidemment le vrai motif.

Quelques jours après, une autre Affemblée, du double plus nombreufe, fe trouva tout d'un coup formée au Palais, fans qu'il ait été poffible de favoir par qui elle avoit été convoquée ; vous jugerez de fes difpofitions par le difcours que leur tint d'abord l'Avocat qui fe préfenta comme en étant le Chef : refpectable d'ailleurs par fon âge & fes vertus, il commença par déclarer *qu'il vouloit préfider, mais que cependant il n'opineroit pas, attendu le reffentiment dont fon cœur étoit plein contre moi.* C'étoit un des Juges du C. de M. Inconféquence inconcevable, de la part d'un homme, encore une fois, vénérable d'ailleurs par les plus excellentes qualités ; comme ſi la déli-cateſſe qui l'empêchoit de donner ſon ſuffrage, n'avoit pas dû auſſi lui défendre de diriger ceux des autres & de les recueillir.

Je comparus, quoi que je n'euſſe pas été averti ; je proteſtai hautement contre l'incompétence de cette pré-tendue aſſemblée ; mais d'ailleurs, j'en atteſte ici tous ceux qui en faiſoient partie, je parlai de maniere à toucher, à ramener des cœurs qui n'auroient été remplis que d'une haine ordinaire & d'un acharnement commun. J'offris à ceux de mes Confreres qui ſe croiroient offenſés, toutes les ſatisfactions que l'Aſſemblée jugeroit convenables, pourvu qu'elles fuſſent compatibles avec mon honneur & l'intérêt *de la Comteſſe de Béthune.*

Cette derniere clauſe rendit l'accommodement impoſſi-ble. C'étoit ſi bien cette affaire dont on vouloit m'écarter, c'étoit ſi bien à l'impuiſſance de défendre *la Comteſſe de Béthune,* que l'on vouloit me réduire, qu'un des aſſiſtans, ſans pouvoir de moi, ayant haſardé de propoſer qu'on me laiſſât plaider cette ſeule cauſe, ſous la promeſſe, de ma part, de renoncer abſolument enſuite au Barreau, ne fut point écouté. On revint au projet de me ſuſpendre *pour un an,* qui ne fut pourtant adopté que le lendemain *premier Février,* dans une troiſieme Aſſemblée, diſtinguée par de nouvelles circonſtances plus incroyables, plus étonnantes encore que tout ce qui précéde *.

La cauſe de la *Comteſſe de Béthune* étoit placée la

---

* Voyez les Réflexions citées ci-deſſus.

premiere

premiere au rôle de *la Chandeleur*. Ce rôle s'ouvroit sept jours après. On se flattoit donc d'être débarrassé de moi sur cet article , avant la fin de ma pénitence *annaire*. Mais pour recueillir le fruit d'une suspension si adroite, il falloit engager la Justice à la protéger.

Pour lui en faire la confidence, on crut qu'il falloit une *députation*. On en déféra l'honneur à l'un des principaux intéressés. Il se chargea d'aller notifier aux Chefs des Chambres que *l'Ordre entier des Avocats* , composé de quatorze personnes, m'avoit rejetté de son sein , & qu'il falloit dorénavant refuser de rendre justice à tout Client assez indiscret pour honorer encore de quelque confiance , un homme aussi universellement proscrit.

La Comtesse de Béthune & moi, MESSIEURS, je l'avoue, nous ne crûmes pas devoir nous piquer d'un res-pect bien profond pour cette Députation ; il ne nous vint pas dans l'esprit que la Justice put y déférer. On avoit prodigué les insinuations, & même les ordres précis pour forcer son Intendant & son Procureur à m'enlever les pieces, à charger un autre défenseur; cet arrangement avoit été rejetté avec mépris: Je parus au jour marqué pour l'Audience, le 7 Février.

Je me doutois bien, d'après les avis qui m'avoient été donnés, qu'on chercheroit quelqu'expédient pour se dis-penser de me rendre justice, & de prononcer d'une ma-niere formelle entre mes aggresseurs & moi; mais on prit précisément celui de tous qu'il étoit le moins possible de prévoir. On pouvoit appeller la cause & la remettre ; on pouvoit fixer un terme aux Parties ou aux Défenseurs pour se concilier. Que fit-on ? Au mépris des Loix, on prit le parti de ne point du tout appeller la cause : elle se trouva contre le texte précis des Ordonnances, évanouie de dessus le rôle , & on ne l'y a fait reparoître que quand, par une suite des mêmes vexations, on a cru qu'il étoit utile de l'y reproduire.

Ici je demande, au plus froid de mes Auditeurs ; ce que je pouvois, ce que je devois faire ? L'omission du 7 Février étoit un tort irréparable fait à ma Cliente, & un affront sanglant pour moi. Il falloit mettre un terme à des persécutions qui s'annonçoient par des explosions si cruelles. C'étoit un vrai procès que j'avois, & un procès très-sérieux , puisqu'il compromettoit mon état; c'étoit même bien pis qu'un procès, puisque j'étois jugé, condamné, exécuté, d'une maniere aussi réelle , que s'il avoit existé contre moi un jugement effectif. Je crus pouvoir user du moins de la prérogative accordée par les Loix, par l'équité, à tout Plaideur qui n'a pas réussi dans un premier Siege.

Je composai pour ma justification, & pour le soutien de ma Cliente, un Mémoire : on n'articuloit contre moi aucun grief précis; je n'avois point d'accusateurs distincts ; il m'étoit impossible de m'attacher à aucun point de défense particulier ; je fis une apologie générale ; je remis ma vie entiere sous les yeux de mes Confreres, des Juges & du Public.

On m'objectoit sur-tout de m'être fait beaucoup d'ennemis, & rien n'étoit plus vrai : cette espece d'acclamation, presqu'universelle, contre un seul homme, paroissoit, même aux Spectateurs indifférens , un préjugé fâcheux : je fis

voir que c'étoit une fuite inévitable de la nature des affaires, dont la fatalité de ma deftinée m'avoit chargé depuis
que j'étois au Palais : je démontrai que c'en étoit une auffi
des erreurs qui s'étoient accréditées fur mes Ouvrages &
fur ma conduite.

J'avois écrit en faveur de la liberté avec une franchife
peut-être trop républicaine ; par la plus inconcevable de
toutes les méprifes, on avoit cru voir, dans mes principes,
le germe & le panégyrique du defpotifme. On fuppofoit,
qu'après en avoir long-temps auparavant été l'Apôtre, j'en
étois depuis devenu l'inftrument. On m'attribuoit fauffe-
ment, calomnieufement des Ecrits publiés en faveur d'une
révolution, dont la fageffe d'un Monarque adoré, & de fes
Miniftres viennent d'effacer les veftiges. On avoit ainfi
réuffi à me rendre odieux à la Nation, comme ennemi de
la Magiftrature.

Dès 1773, dans un des imprimés pour le C. de M. j'avois
donné le démenti le plus clair à ces imputations auffi
fauffes que malignes. J'en avois déjà inftruit plufieurs de
vous, Messieurs, qui peuvent en rendre témoignage.
Je le renouvellai alors avec plus de force : & je vous
fupplie de fonger que pour parler avec tant de hardieffe
fur un pareil fujet, il falloit avoir en fa faveur la vérité ;
cette manifeftation même m'expofoit à un péril immi-
nent, pour peu que les bruits euffent été fondés.

De la juftification de l'homme, je paffois à celle de
l'Avocat. On m'objectoit une impétuofité, une violence
qui bleffoit mes Confreres : je faifois voir que jamais je
n'avois attaqué perfonne ; que réduit à la feule défen-

five, j'avois beaucoup souffert de la triste, de la honteuse dégradation du Barreau, & que je n'y avois pas contribué. Je m'élevois contre les manœuvres, les cabales, dont je me voyois prêt de devenir la victime, & dont la Comtesse de Béthune l'étoit déjà. Je faisois l'histoire des assemblées séditieuses où ma perte avoit été tramée & résolue. Il le falloit bien, puisqu'enfin mon état dépendoit de cette discussion.

Je prouvois que les prétendues Sentences portées contre moi, au nom de l'Ordre, étoient illégales, injustes, absurdes. Je démontrois cette vérité jusqu'à l'évidence. J'appellois de tant de vexations, à cet *Ordre*, premier Juge naturel de ces sortes de contestations, à son défaut à la Justice, au Public, & enfin à la Postérité, dernier recours de l'innocence opprimée, dans les siécles où la Justice n'est comptée pour rien.

Dans des tems paisibles où les loix sont respectées, un pareil écrit auroit été accueilli : vous ne l'auriez, MESSIEURS, ni rejetté, ni flétri. Alors on se flatta que le moment étoit enfin arrivé de réaliser le projet du 2 Juillet formé par la vengeance, & qu'on ne se consoloit point d'avoir vu échouer.

On prit ses mesures : on distribua les rôles : & tout d'un coup le 11 Février au matin, à midi précis, le Parquet se trouva rempli de robes furieuses qui couroient, crioient, hurloient avec des transports approchant de la démence.

Ces robes, MESSIEURS, appartenoient-elles à des Avocats ? étoient-ce des Avocats qui leur donnoient les mouvemens forcenés qui paroiſſoient les agiter ? C'eſt ce qui n'a pas été éclairci, ce qui ne le fera probablement jamais, & au fonds ce qui eſt très-indifférent. Ce qu'il y a de certain, c'eſt qu'elles pouvoient aller au nombre de *trente* au plus; c'eſt qu'il en partoit des éclats de rage contre moi, & qu'un *tolle* funebre étoit le refrein non interrompu qu'elles répétoient en chœur.

Si les auditeurs intéreſſés devant qui ſe jouoit cette ſcène d'un genre vraiment nouveau, avoient un peu connu l'Ordre des Avocats, ils ſe feroient défiés d'un tumulte dont le Parquet n'avoit pas encore vu d'exemple.

Un attroupement de cette eſpece auroit dû leur paroître une effervefcence féditieufe que leur miniſtere leur défendoit de tolérer. Ils écarterent ces réflexions; ils ne crurent pas même devoir mettre en doute ſi c'étoit le ſuffrage de l'Ordre qu'on leur préſentoit d'une maniere ſi décente. Tout étoit prêt : la porte de la *Grand'Chambre* s'ouvrit, & ils vinrent préſenter à la Compagnie qui en occupoit les places, la dénonciation que voici :

« Messieurs;

» Nous venons vous *préſenter le vœu que l'Ordre des*
» *Avocats* nous a porté ; nous ſommes *l'organe* de leurs
» réclamations contre un imprimé ſigné de Me *Linguet*,
» Avocat, répandu depuis quelques jours dans le public.
» Ils *vous le dénoncent* par notre miniſtere comme un
» libelle rempli d'impoſtures & de calomnies con-
» tre pluſieurs de leurs Confreres, *qui ont toujours joui*

» *de l'estime de la Cour & de la considération publique.*
» L'Auteur de ce libelle a même osé tenter *d'y avilir*
» *l'honneur & les fonctions* d'un Ordre, qui dans tous les
» tems a été recommandable par la réunion des talens,
» des lumieres & des vertus.

» *L'Ordre attend* de votre justice une punition propor-
» tionnée à l'outrage, & un exemple de sévérité qui
» garantisse le Barreau de semblables excès ».

Quand les auteurs de cette dénonciation auroient parlé
d'eux mêmes, & en leur propre nom, il est douteux
qu'on eut put passer outre, & déférer sans autre examen
à leur demande : mais ils l'appuyoient du nom de *l'Ordre*,
c'étoit le vœu de *l'Ordre* qu'ils portoient ; ils demandoient
de sa part la mort civile d'un Citoyen. Il falloit donc le
vérifier : On ne devoit pas soupçonner que *l'Ordre* des
Avocats, sur-tout, dévoué par essence à l'usage de la
parole, eut besoin d'une bouche étrangere pour s'expri-
mer, & qu'il s'abstint de se présenter lui-même quand
il sollicitoit sa propre vengeance.

Cette réfléxion fut faite par quelques Juges : elle arrêta
la délibération, & alors voici ce qui se passa. · ·

Un d'entr'eux offrit d'aller vérifier le fait. Il sortit :
il resta quelques minutes absent. En rentrant il attesta
que tout ce que MM. les Avocats généraux avoient
dit étoit vrai ; alors il n'y eut plus d'obstacle, & le
coup fut porté.

Mais ce qu'il y a de bien plus extraordinaire, MESSIEURS,
c'est qu'ayant été instruit du fait dans le cours des longues
sollicitations auxquelles m'a forcé cette injustice, & en

ayant parlé au Juge même, qu'on me citoit, il m'a juré que fon intention n'avoit jamais été de faire entendre, & même qu'il n'avoit jamais cru que ce fut de l'Ordre des Avocats qu'il s'agît, & moins encore que cet Ordre fe plaignît ; qu'il avoit feulement voulu certifier qu'en effet il fe trouvoit beaucoup de gens en robes au Parquet.

C'eſt cependant, Messieurs, fur cette dénonciation & fur cette équivoque qu'a été rendu le jugement que voici.

« La Cour, les Grand'Chambre & Tournelle affem-
» blées, a ordonné & ordonne que ledit imprimé, ayant
» pour titre : *Réflexions pour Me Linguet, Avocat de*
» *la Comteſſe de Béthune*, fera fupprimé, comme *inju-*
» *rieux à l'Ordre des Avocats, calomnieux envers pluſieurs*
» *de ſes Membres , & tendant à altérer l'eſtime due à cette*
» *profeſſion :* En conféquence ordonne que ledit M^e
» Linguet *fera rayé du Tableau* , & que le préfent Arrêt
» fera imprimé, & figuifié, à la requête du Procureur-
» Général du Roi, au Syndic de la Librairie ».

On ne manqua pas de donner à ce jugement la même publicité qu'à celui du 2 Juillet : on l'imprima : on le colporta : on en inonda les lieux publics : mais la haine s'étoit ralentie : l'indignation générale fe faifoit jour , malgré les manœuvres. Les bénéfices furent moindres : dans le même efpace de tems , on n'en vendit que fix mille exemplaires.

Je ne confumerai point, Messieurs, le tems de cette Audience à vous rendre compte de toutes les calamités qui se sont accumulées sur ma tête depuis ce moment fatal, de tous les dégoûts qu'il m'a fallu dévorer, des pertes sans nombre & de tous genres qui m'ont accablé : j'oublie mes maux devant des Magistrats qui vont y mettre un terme. Leur main puissante corrigera les influences de cet astre funeste qui depuis dix-huit mois domine ma vie. En rapprochant l'époque de mon humiliation de celle de mon rétablissement, l'une me consolera de l'autre, & toutes deux me deviendront également honorables.

Je vais donc, Messieurs, me borner à discuter ce jugement que la justice vous presse d'anéantir. En avoir fait l'histoire, c'est déjà l'avoir réfuté. Il est nul dans la forme, inique dans le fonds : le prétexte en est faux, les assertions en sont fausses : jamais jugement n'a réuni plus de vices, plus de monstruosités.

SECONDE PARTIE.

§. I.

Irrégularité du Jugement du 11 Février 1744.

D'abord, il n'a été précédé d'aucune espéce d'instruction. Je n'ai été ni appellé ni entendu; par cela seul, d'après le texte précis de la loi, il est susceptible d'opposition.

Il semble rendu sur les Conclusions du Ministere Public : mais prenez-y garde, Messieurs, pour que ces Conclusions dispensent de tout examen, pour qu'elles puissent offrir aux décisions des Juges une base solide; il faut qu'elles portent

sur

fur un fait vrai, éclairci par des difcuffions antérieures ; fur un fait dont ce Miniftere Sacré fe rende lui-même la caution, & qu'il attefte juridiquement à la Cour, dont il demande la confiance ; ces principes ne feront point défavoués par les Magiftrats illuftres qui l'exercent, & qui m'honorent de leur attention.

Or ici les Conclufions portoient fur un fait fuppofé ; l'intervention de l'Ordre pour former un *vœu* ; fur un grief dont les échos de ce prétendu vœu ne fe rendoient point garants, *les injures & les calomnies.*

Obfervez avec quel art ce piége étoit dreffé ; on s'écrioit : *l'Ordre a parlé, & voici ce qu'il a dit :* Je ne pouvois pas prouver alors que l'Ordre n'avoit point parlé ; il auroit fallu qu'il fe préfentât lui-même pour démentir fes prétendus Procureurs. Or on fçavoit bien qu'il ne fe préfenteroit pas : fon nom devenu vacant étoit une dépouille dont chacun pouvoit fe parer avec impunité. Quand quatorze hommes avoient l'audace de fe produire devant des témoins déter-minés à les croire, & de leur dire : C'eft nous, & nous feuls qui fommes l'Ordre des Avocats ; quel moyen me reftoit-il pour détruire cette crédulité intéreffée ?

N'ayant ainfi à combattre que le fantôme & fes échos, il étoit impoffible que je puffe obtenir réparation & même juftice : le Miniftere Public n'étant que l'organe d'un vœu qui paroiffoit lui être étranger, & atteftant l'avoir reçu d'une ombre qu'il étoit impoffible de forcer à fe montrer, il falloit de toute néceffité que je reftaffe affaffiné, fans pouvoir remonter à la main qui me portoit les coups.

Vous apprécierez, Messieurs, ce manége : je me borne

au fait : c'eft qu'il eft faux, abfolument faux, que l'Ordre eût parlé à ces porteurs de fon vœu : non-feulement il ne l'avoit pas formé, ce vœu meurtrier, mais il n'avoit pas pu le former ; cette affociation entretenue par l'honneur, s'étoit diffoute au moment où l'honneur avoit ceffé de régner : frappée avec la Magiftrature, elle n'avoit confervé d'exiftence que ce qu'il en falloit pour conftater qu'elle n'étoit pas entiérement morte.

Ces mouvemens irréguliers qui agitoient quelques-uns de fes Membres, étoient les convulfions d'une mort prochaine, & non pas les fignes de la fanté. La forme feule de fa prétendue intervention, la maniere oblique dont on préfentoit ce vœu imaginaire, devoit en faire fufpecter l'authenticité.

Quand l'Ordre ufant du droit terrible de vie & de mort que l'ufage & la confiance, jufqu'ici toujours juftifiée de la Magiftrature, lui laiffent exercer, prononce contre un de fes Membres, cette effrayante profcription, eft-ce le Miniftere Public qui s'en rend le trompette, & qui mandie l'office cruel de la proclamer ?

Non, MESSIEURS, j'en attefte les Magiftrats à qui ces fonctions majeftueufes font confiées ; inftitués pour parler dans les Tribunaux au nom du Roi, repréfentant toujours le Prince, qui leur a transféré le droit de mettre en mouvement le glaive de la Juftice, & de lui défigner où elle doit frapper, ils ne font jamais les organes que de l'Autorité fouveraine : ils ne proftituent point leur miniftere à fervir le reffentiment d'une Compagnie quelle qu'elle foit.

S'ils ont à fa réquifition, une réfolution rigoureufe à

prendre contre quelques-uns de ſes Membres , ils commen-
cent par reeevoir ſa plainte ; ils l'apprécient ; ils la jugent ; &
enſuite s'ils croient devoir y déférer, ils s'arment eux-
mêmes pour appeller la ſévérité des Loix contre le Citoyen dont les écarts la juſtifient.

Seulement quand il s'agit de l'*Ordre des Avocats*, en
vertu de l'alliance inviolable établie entr'eux & lui,
alliance fondée ſur l'eſtime d'une part & le reſpeᴄt de
l'autre, ils veulent bien ſe rendre, non pas ſes Procureurs,
non pas les organes, les porteurs de ſon vœu ; mais les
médiateurs qui lui ouvrent l'accès aux pieds de la Cour. Ils
ſe chargent d'y introduire le *Bâtonnier* porteur , en qualité
de Chef, du décret funeſte, que la Cour ratifie, & ſans
prévoir ce que dira ce Miniſtre chargé d'une commiſſion ,
heureuſement bien rare, ils ſe contentent d'annoncer qu'il
a quelque choſe à dire.

Voilà, Messieurs, les formes uſitées, établies par votre
condeſcendance pour une ſociété d'Hommes ſages, à qui
vous laiſſez le ſoin de leur propre police, & une juriſdiᴄtion
abſolue ſur leurs égaux , parce que vous ne les ſoupçon-
nez point d'être capables d'en abuſer.

Ces formes, Messieurs, vous n'êtes pas ſurpris qu'on
les ait ici toutes violées; ce n'étoit pas le moment où elles
pouvoient être reconnues : on vouloit commettre une
injuſtice , & c'en étoit là le ſeul moyen. Premier point
bien eſſentiel. Le jugement que j'attaque eſt nul, parce
que les concluſions ſur leſquelles il a été rendu portent ſur
un fait évidemment faux, & ſans que j'aie été entendu.

§. II.

Injustice du Jugement du 11 Février 1774.

Mais les énoncés qu'il contient sont-ils plus vrais? mieux fondés? On y en trouve trois. Mon Mémoire est déclaré *injurieux à l'Ordre des Avocats, calomnieux envers quelques-uns de ses Membres, tendant à altérer l'estime due à cette profession.* Discutons ces trois griefs.

Je vous observerai avant tout, que le premier implique contradiction. Je 'me plaignois d'avoir été indignement persécuté par des usurpateurs du nom de l'*Ordre ;* je reclamois les priviléges de l'*Ordre ;* je demandois d'être jugé par l'*Ordre.* N'aurois-je pas été le plus extravagant des hommes, si en effet en ce moment, j'avois injurié l'*Ordre ?*

On m'a bien jusqu'ici, reproché de la malignité, du fiel, de l'audace, peut-être parce qu'à force d'être la victime de ces excès, on a supposé que je devois m'y être accoutumé ; mais enfin personne ne m'a jusqu'ici soupçonné d'une démence furieuse, & il n'y en auroit jamais eu de pareille à celle qui m'auroit poussé à insulter une *Société* dont je reclamois le secours.

Ensuite si les délateurs, si les Juges avoient seulement pris la peine de lire ce Mémoire qu'ils flétrissoient, auroient-ils osé, les uns hasarder cette imputation, & les autres l'adopter dans un monument public, & qu'ils devoient tôt ou tard s'attendre à voir discuter?

Étoit-ce injurier l'Ordre que de dire, comme je le faisois

dans cet ouvrage, pag. 13, «qu'une expérience cent fois réité-
» rée, a démontré une vérité honorable à l'Ordre des Avo-
» cats ; c'est que si la jalousie, l'intérêt, agitent quelquefois
» un certain nombre de ses Membres, le Corps s'en est tou-
» jours montré exempt ; c'est qu'il n'a jamais manqué de
» s'y trouver des hommes honnêtes, qui voient la vérité ,
» qui la goûtent, & qui la font goûter aux autres. Que
» pareil aux tourbillons de Descartes, où le repos général
» naît du mouvement des parties , où chacune reste en sa
» place, parce que toutes tendent sans cesse à s'en écarter,
» ce corps singulier, dès qu'il est assemblé, revient invin-
» ciblement à l'honneur, à la justice, dont ses agitations
» intestines sembloient devoir l'éloigner *.

Si c'est là manquer à l'Ordre ; si c'est l'insulter, qu'on
m'apprenne donc comment on peut lui marquer sa déférence
& son respect.

J'ai dit, il est vrai, page 20, que dans ces tems malheureux *un homme honnête ne pouvoit plus exercer la profession
d'Avocat , sans honte & sans danger.* On prouveroit diffi-
cilement que cette vérité hardie , soit une insulte pour
l'Ordre qui en faisoit la régle de sa conduite.

J'ai dit, à la même page , *que si jamais l'honneur & la
vertu rentroient dans cet asyle, dont la corruption & l'iniquité
m'éloignoient, on se hâteroit de m'y rappeller avec empresse-
ment.* A cet égard je n'ai été prophete qu'en partie : l'honneur & la vertu sont en effet rentrés ; & l'acharnement

---

* Qu'il me soit permis de l'observer, la conduite de l'*Ordre* en ce moment
va justifier cet éloge ou le démentir.

qui voudroit m'écarter dure encore : mais ce vœu qu'aucun de mes perfécuteurs n'auroit eu la hardieffe de former, ce vœu qui a peut-être été dans le tems le vrai crime de mon Mémoire, cette afpiration ardente vers la Magiftrature, alors opprimée, pourroit-il être regardé comme un outrage pour l'Ordre qui en fuivoit le fort ? Eft-ce être coupable envers l'Ordre que de n'avoir pas prévu une obftination qui le deshonoreroit fi elle étoit invincible, & qu'on put la lui attribuer ?

J'ai dit que j'étois perfécuté par des paffions honteufes nées dans fon fein ! Eh, Messieurs, la fituation où je me trouvois ; cette néceffité de me défendre, cette mort civile, dont je me voyois menacé, ce vœu, ce vœu cruel, mais impofteur, devenu le poignard avec lequel on m'égorgeoit, étoient - ce des incidens bien louables, & des anecdotes bien édifiantes ?

J'ai dit que ces fcènes aviliffantes étoient nées dans le fein de l'Ordre ; mais n'étoient-ce pas des Avocats qui en étoient les auteurs ? N'abufoit-on pas du nom de l'Ordre pour les couvrir & les légitimer ? Quels étoient donc fes vrais détracteurs, ou moi qui dans la plus jufte, la plus preffante des défenfes, voulois écarter cet opprobre d'un nom fi refpectable, ou ceux qui le proftituoient fans pudeur à un ufage fi infamant ?

Non, je n'ai point injurié l'Ordre.

Mais vous en avez calomnié les Membres ! Où ? comment ? en quoi ? J'ai dénoncé à la Juftice des manœuvres qui compromettoient ma réputation, mon état & la fortune d'une Cliente refpectable qu'on puniffoit de fa fermeté à m'honorer de fa confiance. Cette dénonciation n'étoit pas une calomnie, puifque les intrigues qui la juftifioient m'avoient attiré, le 7, un affront fanglant : ce n'étoit point une calomnié , puifqu'elles avoient produit une députation authentique deftinée à m'interdire le Barreau : ce n'étoit point une calomnie , puifque leur tirannique effet s'étendoit jufqu'à une Femme de Qualité qui n'auroit dû y prendre aucune part , & qui pourtant s'en trouvoit la victime.

Ces faits étoient-ils vrais ou faux ? S'ils étoient vrais, je ne calomniois donc pas ? S'ils étoient faux , il falloit donc les éclaircir ? Je les dénonçois aux Juges dans une forme juridique. Je m'en rendois garant envers eux. Pour fe difpenfer de les approfondir, il auroit fallu qu'ils euffent appris , par une infpiration particuliere , fi je leur en impofois du non, & affurément ils n'avoient pas d'infpiration.

L'anecdote de la Députation , celle du refus de l'Audience du 7, étoient de terribles préjugés en faveur des autres. Et c'eft cependant d'après de femblables préfomptions , que deux Chambres affemblées , fans forme , fans examen, fans inftruction, fans entendre la partie intéreffée , les déclarent toutes calomnieufes ; c'eft fur une femblable procédure, qu'une Famille illuftre perd fon Défenfeur ; qu'un Citoyen irrépréhenfible eft dévoué à l'ignominie, & que la Juftice dont le bras avoit molli, quand il lui défignoit les plus odieux coupables, s'arme, pour le frapper lui-même, de toute fa vigueur.

Je ne défends pas ici ce que j'ai imprimé dans le tems, d'un trait particulier, à l'un de mes principaux, de mes plus acharnés perfécuteurs : il triomphoit alors, je ne lui devois aucun ménagement. Il eft malheureux aujourd'hui, il a droit à tous mes égards : je fouhaite ardemment qu'il lui foit auffi facile qu'à moi de fe juftifier, & que le Barreau ne fe voye pas privé d'un talent, qui pendant vingt ans y a brillé avec tant de gloire.

Des trois prétextes énoncés dans le Jugement que vous allez anéantir, en voilà déja deux détruits fans reffource. Que faut-il penfer du troifiéme ? il confifte dans l'intention qu'on me fuppofe d'avoir travaillé dans ce Mémoire à *altérer l'eftime due à la profeffion d'Avocat*. Si ma défenfe a été victorieufe fur les deux premiers articles, combien fera-t-elle triomphante dans celui-ci ?

Je ne vous répéterai point ce que j'ai déja eu l'honneur de vous dire, qu'un pareil plan auroit fuppofé de ma part la privation abfolue du fens & de la raifon. Un homme qui n'auroit voulu que fe venger d'une exclufion, auroit pu en être foupçonné : mais il eft abfurde de l'imputer à celui qui ne s'occupoit que des moyens de recouvrer les facultés attachées à cette profeffion, & dont l'objet étoit de démontrer qu'il en avoit été privé injuftement.

Je ne rappellerai pas ce que je vous ai déja obfervé ; que les véritables ennemis de cette profeffion, les prévaricateurs qui la deshonoroient, c'étoient les auteurs de tant de cabales criminelles, & non pas l'infortuné qui s'en trouvoit la victime.

J'ai quelque chofe de bien plus décifif à vous préfenter : c'eft le portrait d'un véritable Avocat, tracé dans le même ouvrage que l'on profcrivoit. Pefez, je vous prie, les termes,

termes , *comme* TENDANT *à altérer l'eſtime due à la profeſſion d'Avocat.*

Je me repréſentois , diſois-je , « Un véritable Avocat ,
» comme le ſoldat de l'honneur & de la vérité , en-
» gagé à un examen ſcrupuleux avant que d'entrepren-
» dre ; à une intrépidité inébranlable , après avoir entre-
» pris : je croyois fermement que quiconque imploroit le
» ſecours d'un Homme honoré de ce titre, devoit y trouver
» un ennemi implacable de l'injuſtice & de l'oppreſſion ;
» armé pour les attaquer , ſous quelque forme qu'elles ſe
» montraſſent ; forcé , ſous peine d'être regardé comme
» un lâche déſerteur , d'augmenter de zele & de chaleur ,
» en raiſon de la foibleſſe , de l'impuiſſance de ſon Client ,
» & de ce que l'intrigue & l'impoſture lui oppoſoient
» d'obſtacles ; engagé à ſe ſacrifier , s'il le falloit , pour
» repouſſer leurs éfforts , & à périr ſur la bréche , s'il ne
» pouvoit les en chaſſer ».

Et c'eſt l'homme qui ſe formoit cette idée des devoirs
de la profeſſion d'Avocat , qui la réaliſoit , j'oſe le dire ,
dans toute ſa conduite , qu'on déclare coupable d'avoir
voulu deshonorer cette profeſſion ! Quelle étoit donc l'af-
freuſe dégradation du Barreau , dans un tems où un Homme
public étoit puni , non-ſeulement de s'être efforcé de réa-
liſer cette peinture , mais même d'avoir oſé la tracer ?

Maintenant , MESSIEURS , ne puis-je pas m'écrier avec
ce grand Homme , dont j'aime toujours à emprunter les expreſſions , après avoir eſſuyé les mêmes infortunes : *Voyez*

H

*de combien de manieres je démontre que ce prétendu Jugement n'est pas un Jugement *.*

N'est-il pas évident que j'ai été, comme il le dit de lui-même, & ceci est une traduction littérale, *expulsé par la violence, par les armes, par une conjuration d'hommes préparés pour le meurtre & voués à une domination nouvelle; qu'on n'avoit droit de rien prononcer sur mon sort; que ce qu'on a prononcé est illégal, que tout ce qui s'est fait est contraire aux Loix, aux anciens usages; que c'est le fruit du trouble, de l'audace & de la fureur ** ?*

J'ai été condamné non-seulement sans avoir été entendu, mais même sans avoir été appellé. Le fondement primitif de cette condamnation est une imposture; ses prétextes apparens sont au moins des méprises; c'est un monument odieux de l'abus qu'on peut faire dans des temps malheureux des ressources les plus sacrées. Ce n'est pas mon intérêt seul qui en sollicite la destruction; il importe à l'honneur de cette Cour qu'il ne subsiste pas sous son nom une pareille insulte faite à la Justice; il importe à la gloire de l'Ordre des Avocats, que la licence qui a osé la lui attribuer, soit punie du moins par un démenti éclatant; il importe à la

---

* Quot modis doceo legem istam quam vocas, non esse legem? *Pro domo.*

** Vi, armis, dissentione hominum ad cædem instituta, novoque dominata pulsam esse dixit. Nil de meo capite potuisse ferri; nihil esse inscriptum, aut posse valere. Omnia contra leges, moresque majorum, temerè, turbulenter, per vim, per furorem esse gesta. *Ibid.*

sûreté publique, effentiellement compromife par cette infraction fcandaleufe, qu'il n'en refte plus de traces.

Certainement, MESSIEURS, je pourrois pourfuivre devant vous les auteurs de ces perfécutions ; je pourrois demander la permiffion de les prendre à partie : ils ont abufé d'un titre facré pour fervir leur propre vengeance : ils fe font joués des Loix, de mon honneur, de ma fortune, de celle des Citoyens qui m'avoient confié leurs intérêts. Je pourrois requérir la jonction du Miniftere public contre des hommes qui en ont proftitué le nom, & celle *de l'Ordre des Avocats*, contre des calomniateurs qui ont voulu lui attribuer un crime ; vous ne pourriez me le refufer.

Mais qu'y gagnerois-je ? De les démafquer ? ne font-ils pas connus ? De les punir ? n'ont-ils pas leurs remords ? Au fonds de quoi m'ont-ils privé ? ne ferai-je pas affez vengé, quand ils verront la Magiftrature & l'honneur s'empreffer de relever l'Infortuné qu'ils ont abbatu, & qu'il ne leur reftera, comme aux coupables endurcis que la Juftice a défarmés', que le fouvenir & le goût de leurs anciens excès, avec l'impuiffance de les commettre ?

Ici je fens que l'on va m'arrêter. On me dira, vous avez pu, dans un temps de difperfion & de deuil, foutenir que ce n'étoit pas l'Ordre qui vous jugeoit ; vous avez pu regarder comme des cabales féditieufes les conventicules clandeftins où vos ennemis dominoient ; mais le Corps a pris pour vous, depuis fa réunion, les fentimens qu'annonçoient quelques-uns de fes Membres ; il a formé un vœu auquel vous ne pouvez rien reprocher ; le fecours même que vous demandez à la Juftice feroit fuperflu,

puifqu'il n'eft pas en fon pouvoir d'ordonner à vos Confreres de vous aimer, & que tant qu'ils ne vous aimeront pas,
on ne fauroit les forcer de vous admettre.

Cette objection, MESSIEURS, eft trop férieufe; l'objet
en eft trop refpectable, pour qu'il me foit permis de la
dédaigner. Les incidens qui fe font en effet paffés relative-
ment à moi, depuis le 22 Décembre, offrent un nouveau
point de difcuffion, auquel je n'avois pas d'abord compté
me livrer, mais qui devient aujourd'hui une partie effentielle de ma défenfe.

TROISIEME PARTIE.

*Délibération prife contre moi le 22 Décembre 1774 par une
Affemblée de vingt-deux Avocats.*

Le 22 Décembre 1774, dans un temps où perfonne
n'ignoroit que la Cour étoit faifie de mon affaire, qu'elle
avoit eu la bonté de m'accorder l'Audience; dans un temps
où je ne me préfentois pas au Barreau, où l'efpérance d'une
réhabilitation prochaine & glorieufe, me faifoit fupporter
avec moins de douleur une dégradation injufte; ce jour-là,
l'Affemblée, compofée d'environ trente Députés*, fans
me citer, fans m'avertir, fur des griefs dont je vais bientôt
vous rendre compte, a arrêté, par provifion, que l'on ne

---

* La conftitution de l'*Ordre des Avocats* n'eft pas encore parfaitement éclair-
cie. C'eft une République qui fe conduit plutôt fur une tradition non conteftée,
que d'après des principes bien reconnus; il s'affemble tantôt en Corps, tantôt par
Députés, dont le Bâtonnier actuel eft toujours le Chef, & auxquels s'affocient

communiqueroit point avec moi ; ce qui eft équivalent, Messieurs, à une radiation anticipée.

Je ne me fuis pas recrié contre cette précipitation inutile & cruelle autant qu'indécente ; elle étoit fans objet, puifque c'étoit m'ôter avec affectation une faculté dont je n'ufois pas. Elle joignoit l'indécence à la cruauté, puifque c'étoit frapper jufque dans vos bras, comme j'ai déjà eu l'honneur de vous l'obferver, un Infortuné à qui cet afyle devoit du moins fauver un affront.

Je me fuis contenté d'écrire au Bâtonnier, une lettre pleine des fentimens de ma vénération & de ma douleur : Je l'ai fupplié de vouloir bien m'inftruire des griefs qui avoient pu motiver une fi étonnante rigueur : je croyois que le Jugement contre lequel je reclame ici, étoit le principal, & même l'unique : il a eu la bonté de me répondre * : il m'a déclaré que le Jugement du 11. Février, n'étoit entré pour rien dans la détermination de l'Affemblée, *qui ne le reconnoiffoit pas*, & il m'a fait part de fes véritables motifs.

Après avoir lu fa lettre, une joie bien délicieufe & bien pure a pénétré mon cœur. J'ai vu que ces prétendus griefs étoient ou des fauffetés que je pouvois faire évanouir d'un mot, ou des puérilités qui n'auroient pas même dû être

---

brement les anciens qui ont joui de cet honneur. Ces Députés ne font, comme dans toutes les Compagnies nombreufes, que des Repréfentans deftinés à préparer les matieres, à difpofer les objets fur lefquels le Corps doit prononcer en définitif.

* Voyez fa lettre entiere dans le *Supplément aux Réflexions*, pag. 7.

pefées par des Hommes graves. Il y avoit Affemblée le jour même ; dès le même jour je me fuis hâté d'y courir. J'ai demandé à être entendu, à préfenter une juftification victorieufe fur tous les points.

Vous croyez peut-être, MESSIEURS, qu'à ce mot les portes fe font ouvertes, que tous les cœurs ont volé, que tous les bras fe font étendus pour admettre les preuves de l'innocence d'un Confrere, dont la perte devoit coûter quelques regrets à fes Juges.

Hélas ! depuis que j'exifte, depuis que je fuis en proie à de fi cruelles, de fi injuftes tracafferies, mon embarras n'a jamais été de démontrer mon innocence, mais d'être admis à la démontrer. Ce qui m'a toujours coûté à obtenir, c'eft la permiffion de faire voir que je n'étois pas coupable : ici on m'a répondu gravement qu'il falloit délibérer fi l'on devoit m'entendre. On a délibéré pendant deux heures.

Vous imaginez qu'enfin les obftacles fe font évanouis ; que toutes les voix fe font réunies pour m'appeller : point du tout. On m'a fignifié qu'on ne vouloit point m'entendre, qu'on ne m'entendroit pas.

Alors, je l'avoue, l'indignation s'eft emparé de moi : dans la forte de tranfport dont une injuftice fi barbare & fi froide m'a rempli, je me fuis jetté au-devant de la porte, & j'ai crié avec des fanglots à ces Juges impitoyables : Vous ne fortirez point que vous ne m'ayez entendu ; ce ne fera qu'en m'écrafant que vous vous ouvrirez un paffage fans cette formalité.

Eh bien ! MESSIEURS, ce que je n'oferois raconter, fi

je n'en avois pas trente témoins, ſi je n'étois bien ſûr que ces Hommes vertueux, capables d'une erreur, ne le ſont pas de nier la vérité ; à cette expreſſion de déſeſpoir, une réclamation preſque univerſelle & furieuſe, s'eſt élevée, comme ſi j'avois fait à l'Aſſemblée le plus violent des outrages: les yeux ſe ſont allumés ; j'ai vu l'inſtant, où des Hommes graves, que l'expérience, l'âge, leurs occupations ont mûri, violoient les immunités de cet enclos, où ils employoient la force pour arracher de leurs genoux un Confrere qui les baignoit de ſes pleurs, & qui demandoit au nom de l'innocence, de la vérité, de la juſtice, la ſeule, l'unique faveur d'être entendu.

Je vous dois compte, Messieurs, de cette juſtification, ſi cruellement, ſi injuſtement rejettée. Il eſt eſſentiel au bien de ma cauſe d'aller au-devant des moindres ſoupçons que les griefs qu'elle détruit pourroient produire dans vos eſprits. Vous balanceriez peut-être davantage, à me rendre l'intégrité de mes fonctions, ſi vous pouviez penſer que la condamnation proviſoire prononcée contre moi par trente de mes Confreres, eſt fondée ſur des motifs dignes de quelque attention.

De plus, la licence avec laquelle la calomnie ne ceſſe de me déchirer ouvertement, par des bruits dont on ne peut, dès qu'on daigne les approfondir, trouver ni les auteurs, ni les garans, me force de diſcuter ici ceux qui me ſont connus authentiquement, & les ſeuls que des Juges prévenus, comme l'étoit l'aſſemblée des Députés, ont cru pourvus de quelque eſpece de probabilité. Cet éclairciſſement eſt d'autant plus néceſſaire, qu'ils ont déclaré, comme j'ai eu l'honneur de vous l'obferver, que le Jugement dont je demande la nullité n'entroit pour rien dans les motifs de leur délibération, & qu'ils autorifent ainfi les Magiftrats & le Public à foupçonner qu'ils en ont eu pour fe déterminer de beaucoup plus graves.

Les voici, MESSIEURS, tels qu'ils font confignés dans la lettre dont j'ai eu l'honneur de vous parler.

PREMIER GRIEF. *Vous avez imprimé en 1771 , dans le tems où perfonne ne faifoit encore acte de la profeſſion , un Mémoire où vous avez déclaré que vous* REPRENIEZ LE PREMIER *des fonctions* QUE VOUS ACCUSIEZ LES AUTRES D'AVOIR QUITTÉES TROP LÉGEREMENT.

Pour hafarder de femblables imputations , pour y croire, pour les faire fervir de prétexte à la mort provifionnelle d'un Citoyen , d'un Homme public ; il femble qu'il auroit fallu avoir bien conftaté le délit , être bien certain que les expreſſions criminelles, que l'on citoit par écrit , fe trouvoient dans le Mémoire ; quelle fera votre furprife , MESSIEURS , quand vous apprendrez qu'il n'y a pas un mot , pas un feul mot qui préfente la moindre idée de blâme contre l'inaction de mes Confreres ; que bien loin de-là , j'y confignois hautement une renonciation à mon état , qu'aucun d'eux peut-être n'auroit ofé rendre publique : j'y déclare littéralement que *je n'ai plus de caractere* pour défendre perfonne : voici le paſſage entier.

« Un Particulier opprimé reclame mon fecours , dans » une occafion où il croit abfolument en avoir befoin , » pour inftruire fes Juges. *Je n'ai plus de caractere fpécial* » *pour remplir cette fonction ;* mais fa confiance m'en fait

» un

» un devoir : l'Édit de Mai dernier m'y autorise. Je vais
» donc lui prêter mon miniſtere avec les égards dus à ma
» poſition , à la vérité , & plus encore peut-être , à un
» Homme puiſſant, contre lequel ſe trouve malheureuſe-
» ment dirigé le premier pas que je haſarde , en rentrant
» dans une carriere devenue plus gliſſante que jamais ».

Obſervez que cette Conſultation n'étoit pas donnée ſur une affaire ordinaire en juſtice ; elle avoit pour objet une affaire très-preſſante *au Conſeil*, que l'on avoit ſurpris ; elle a été ſui-vie du plus heureux ſuccès , puiſque deux jours après l'Hom-me puiſſant, qui trompé lui-même par ſes Gens d'affaires, écraſoit mon ami par ſon crédit, a ſigné une rétractation toute à l'avantage du foible. Enfin , en donnant cet écrit, j'avois eu ſoin de le dater de *Lucienne* , retraite chétive où je m'étois retiré pour pleurer les maux de ma Patrie. C'étoit une déclaration bien formelle que je ne r'ouvrois pas mon cabinet ; que je ne *reprenois pas mes fonctions ;* que je n'accuſois perſonne de les *avoir quittées trop lége-rement*. Je demande à mes accuſateurs qui d'entr'eux au-roit oſé mettre alors dans leur conduite une pareille hau-teur ?

Mais cela prouvoit toujours que vous vous occupiez ! Eh bien ! que l'on me cite un Conſeil qui ait été deſert dans ces tems malheureux : tous les cabinets même étoient-ils exactement fermés ? Veut-on me forcer à nommer ceux où après avoir muré la porte à deux battans pour en im-poſer au Public , on en avoit ouvert une autre petite à côté pour introduire clandeſtinement les Clients ? Faudra-t-il que je déſigne par leur nom ces Conſultans honteux

I

& prévaricateurs, qui en recevant l'argent des Plaideurs, ne leur rendoient en échange que des réponfes fans authenticité, qui fe croyoient abfous d'une trahifon faite à l'Ordre, quand ils n'en avoient pas figné le monument; qui joignant l'hypocrifie à l'impofture, croyoient fe juftifier d'une action dont ils rougiffoient, en la déguifant par une fauffe date. Combien de Noms célebres feroient flétris, fi je tirois le rideau qui couvre ces foibleffes, & ceux qui m'accufent avec tant de fureur d'une bile mordante, ne devroient-ils pas craindre que je ne me laffe enfin d'une difcrétion infructueufe?

Second Grief. *Vous avez maltraité l'Ordre dans différens Mémoires.*

Je me fuis déjà bien juftifié de ce reproche en répondant à l'article du Jugement du 11 Février, qui m'accufoit d'avoir injurié cet Ordre. J'ai fait voir que loin de l'avoir maltraité, j'en avois fait l'éloge; que j'avois toujours protefté de ma vénération, de ma déférence pour lui; que jamais peut-être on n'en avoit fait un panégyrique plus refpectueux, plus dicté par le cœur.

Mais enfin je veux croire qu'en effet il m'eft échappé des traits déplacés contre le Corps dont j'ai toujours fait gloire d'être Membre, au moins falloit-il citer, produire, voir en main, les monumens criminels où ils font confignés. J'ai demandé qu'on me les indiquât, qu'on me les repréfentât : on m'a répondu que *perfonne ne favoit mieux que moi ce qui en étoit ; que c'étoit à moi de les chercher & de les fournir.*

J'avois cru jufqu'ici que l'Inquifition étoit l'unique Tribunál au monde où un accusé pût être forcé, non pas seulement de se justifier du crime qu'on lui imputoit, mais de le deviner ; non pas de combattre les preuves qu'on lui oppofoit, mais de les fournir : & s'il m'avoit paru poffible qu'une femblable procédure fut adoptée par d'autres Juges, ce n'eft pas, je l'avoue, chez les Députés des Avocats au Parlement de Paris, que je me ferois attendu à la retrouver.

TROISIÉME GRIEF. *Votre ton n'eft pas celui du Barreau.*

Non, il n'étoit pas celui du Barreau dégradé, corrompu, changé en un théatre fanglant, où l'honnêteté fe trouvoit étrangere, où les talens étoient un titre de profcription ; mais il eft, il fera, j'aime à m'en flatter du moins, celui de Barreau épuré, annobli, rendu à la décence, qui doit lui être naturelle, à toutes les vertus qui doivent l'honorer.

Et puifque l'occafion s'en préfente, je vais vous donner, à vous, MESSIEURS, qui n'avez pu connoître que par le récit, les détails de la confufion qui regnoit en votre abfence, quelque idée du ton que prenoient mes Adverfaires à qui on ne le reproche pas, de ces gentilleffes littéraires dont on infectoit le Barreau, & que le Miniftere Public de ces tems - là apprécioit comme des rôles que la Juftice devoit bien fe garder de flétrir.

On attaquoit le C. de M. non-feulement dans fa perfonne, mais dans fes Ancêtres, mais dans fon Pere, vieillard refpectable, confumé d'infirmités, moins encore que de douleurs, & qui ne devoit pas s'attendre que les coups portés à fon Fils duffent s'étendre jufqu'à lui ; on s'écrioit, page 65; d'un libelle intitulé : *Réponse aux Observations du C. de M.*

Est-il donc un descendant des DUGUESCLIN, *des* THOIRAS, *des* LANOUE, *ou de quelques-uns de ces Héros, l'honneur & la gloire de la Nation Françoise ? Est-il le fils d'un* BAYARD *, Chevalier sans peur & sans reproche, qui se jettant dans Mézieres pour la garder contre une armée de quarante mille hommes , disoit qu'il n'y avoit point de place foible là où il y avoit des gens de cœur pour la défendre ?* Oh *! non.* C'EST LE FILS DE CELUI QUI A DÉFENDU MINDEN. Rappellez-vous, MESSIEURS, l'anecdote à laquelle cette horrible plaisanterie fait allusion ; songez qu'elle a fait au cœur de ce brave Militaire, absous par le jugement de tous ses égaux, & sacrifié à une intrigue de Cour, une blessure mortelle ; qu'il a traîné au tombeau ce trait lancé par des mains qui vouloient égorger son Fils ; & jugez du ton des Adversaires que j'avois à combattre.

Parloient-ils du C. de M. lui-même ? Ils disoient à la page 37 du même libelle : *Ah ! qu'il cesse d'invoquer le ciel & la terre à son aide ; l'un ne voit qu'avec regret, l'autre ne porte qu'avec peine un criminel de son espéce.* Et à la page 56 , M. DE MORANGIÉS *est un Homme de Qualité ; eh bien ! c'est un fripon de qualité.*

Daignoit-on parler de moi ? Des volumes entiers étoient employés à la discussion de mes ouvrages, de ma conduite personnelle, de mes mœurs. On se permettoit de pénétrer dans mon intérieur domestique ; on osoit faire entrer ma dépense en ligne de compte, comme une preuve contre le C. de M. On disoit en propres termes, à la page 9 d'un de ces ouvrages, figné, authentiquement avoué par fon Auteur : *Si M. Linguet travaille avec tant de zéle pour M. de M., il faut que M. de M. paie M. Linguet en conféquence ; & s'il paye, il faut qu'il ait touché cent-mille écus, dont il fe fert pour foudoyer l'éloquence de M. Linguet.* Infulte faite bien moins à moi, qu'à tout l'Ordre, puifque c'étoit fuppofer que le zéle dans un Avocat ne pouvoit être le fruit d'un défintéreffement pur ; infulte qui dévoiloit le fonds du cœur de mes Adverfaires, & prouvoit tout au plus qu'à ma place ils n'auroient pas fait ce que je faifois.

Quand il feroit vrai, que harcelé par de fi indignes imputations ; arraché à mon fang-froid par une malignité & une audace fi odieufes, j'aurois un peu paffé les bornes dans mes réponfes, qui oferoit m'en faire un crime ? & cependant, je ne me fuis pas livré même à cet emportement excufable. Toujours fidéle à mon Plan, toujours attentif à la Caufe, la Perfonne de mes Adverfaires m'a toujours été facrée. J'ai réfuté leurs raifonnemens, démafqué leurs impoftures, confondu leurs intrigues, j'ai refpecté le refte.

Et les auteurs de ces infamies, Messieurs, n'ont pas vu la Juftice s'élever contre eux. On ne leur a pas reproché qu'ils n'euffent point le ton du Barreau. Que dis-je ? Ils fe préfentent peut-être pour être admis fur le Tableau dont on veut m'exclure. On les appelle à cette profeffion dont on s'efforce de me bannir. Ils ont des amis, des protecteurs, des panégyriftes.... ils.... mais ceci m'emporteroit trop loin. Je me juftifie, & ne veux accufer perfonne.

Quatriéme Grief. *On craint que vous ne nous attiriez des affaires, comme vous vous en étes déjà fait plufieurs.*

Certes, c'eſt pouſſer la prudence un peu loin. Il eſt ſûr que le moyen le plus certain de ne pas avoir de coupables à punir, c'eſt d'égorger d'avance tous ceux qui pourroient le devenir un jour. Il eſt difficile que la Juſtice admette jamais ce moyen d'entretenir la paix dans le monde.

D'ailleurs, ne dites pas que je me ſuis fait des affaires, dites qu'on m'en a fait ; ce qui eſt un peu différent. Pour que les agitations qui conſument ma vie, puiſſent m'être imputées, il faudroit que j'y euſſe donné lieu : qu'elles euſſent de ma part un fondement qui les juſtifiât ; & vous voyez bien par ce qui ſe paſſe même ici, qu'il n'en eſt rien.

Enfin, pour motifier cette circonſpection prévoyante & meurtriere, il faudroit qu'au moins j'euſſe déjà plongé l'Ordre dans quelque embarras ; que je l'euſſe compromis, que je lui euſſe attiré des mortifications, ou des dangers par ma faute. Hélas ! Qu'ai-je fait pour cet Ordre ? Je l'ai honoré *, je l'ai vengé ; vous en voyez le fruit.

Cinquiéme Grief. *Le Journal que vous avez entrepris ne s'accorde gueres avec l'étude néceſſaire à un Avocat.*

Gueres : Eh bien ! pourvu qu'il s'accorde un peu, n'eſt-ce pas aſſez ?

D'ailleurs, que vous importe ? C'eſt mon affaire, de

---

* La haîne qui avoit les oreilles ouvertes quand je parlois, s'eſt attachée à ce mot : on a répandu par-tout que je prétendois avoir fait honneur à l'Ordre ; que c'étoit un orgueil inſupportable : cela prouve que mes cenſeurs ſont auſſi mauvais chrétiens que critiques injuſtes. Ont-ils oublié ce vers ?

Tes pere & mere honoreras.

& trouvent-ils de l'orgueil dans cet oracle qui recommande la piété filiale ?

concilier ce travail littéraire avec celui du Barreau. Eft-ce
inquiétude pour ma fanté qui vous fait blâmer cet alliage?
Mon repos vous eft-il fi cher, que vous trembliez de me
voir furchargé d'un excès de fatigue ?

Craignez-vous que mes affaires, ma réputation, ne fouffrent de ce furcroît d'occupations, & que l'habitude de
cueillir les fleurs de la Littérature, n'énerve une main def-
ftinée à défricher les champs arides du Barreau? Ah ! fi je
néglige l'un pour l'autre, repofez-vous fur le Public du foin
de m'en punir. La défertion de mon cabinet en fera bientôt
le châtiment; les Clients, qui font bons Juges en cette ma-
tiere, fçauront, fans vous, faire juftice d'un Jurifconfulte
frivole, qui ne méritera plus leur confiance.

Trouveriez-vous ce genre de travail aviliffant? incompatible avec la nobleffe de votre profeffion ? Mais fongez-
vous que c'eft un Magiftrat, un Confeiller au Parlement de
Paris, qui en eft l'inventeur ? & qu'il n'en a pas été moins
refpectable aux yeux de fes Collegues, de fes Contempo-
rains , de la Poftérité ? Songez-vous que rien de ce qui
concerne la Littérature , ne doit, ou ne devroit être étranger au Barreau? que l'un peut recevoir de très-grands fecours de l'autre; que les *Lamoignons*, les *Seguiers*, les
d'*Agueffeaux*, n'ont pas cru deshonorer leurs places par la
culture des Lettres? Que le Chef de la Magiftrature ne dé-
daigne pas de coopérer par fes avis, à un Journal, dont
la minute fe lit & fe corrige en fa préfence; que plufieurs
Avocats *fur le Tableau* , font penfionnés pour y travailler
publiquement fous fes ordres; que notre modele , & notre
maître à tous, *Ciceron*, à qui vous ne contefterez pas le mé-

rïte d'avoir été un grand Orateur, étoit en même-temps un Écrivain célébre? Que fes lettres familieres font une ef-péce de *Journal politique* de fon tems; & que probable-ment, ni *Hortenfius*, ni aucun de fes rivaux, pour fe dé-cider à lui ouvrir, ou à lui fermer l'entrée de la Tribune aux harangues, ne fe feroit avifé de lui dire: *Mais ne faites-vous pas un Journal?*

Enfin, d'où fçavez-vous s'il eft bien vrai que je le faffe, ce Journal, fi je le ferai toujours? Et quand vous en feriez inftruits, quelle étrange & cruelle inconféquence renferme ce reproche! Deftructeurs de ma fortune, eft-ce à vous de me faire un crime des diftractions paffageres qui me confo-loient de l'oifiveté forcée à laquelle vous m'avez réduit?

Sixiéme Grief. *Dans ce Journal vous avez tourné notre Ordre en dérifion.*

Voici le feul paffage de cet écrit, qui ait pu donner lieu à cette imputation, plus fauffe encore que maligne. Je vous demande pardon, Messieurs, fi je remets fous vos yeux, des mouvemens inteftins que vous ne devriez du moins pas connoître ici; mais il faut bien que je vous les rappelle; puifque c'eft de ce qu'il en eft queftion dans un Ouvrage qu'on m'attribue, qu'on me fait un crime digne de mort.

« Lundi, 28 de ce mois, ont été entamées les Plai-
» doieries à la Grand'Chambre du Parlement.

» On a obfervé comme une fingularité remarquable que les
» deux Avocats qui ont ouvert l'Audience de fept heures,
» l'avoient auffi fermée le 15 Janvier 1771 *. Ces cau-

------

* MM. le Gentil de Kermoifan & Marnier.

» fes n'ont par elles-mêmes rien de piquant pour la curio-
» fité du Public ; mais il s'en prépareroit une fort finguliere
» s'il y avoit quelque fondement réel aux bruits que l'on
» répand ici, fur les difpofitions d'une partie des Avocats
» envers les autres, c'eft-à-dire, de ceux qui fe font tenus
» dans la retraite depuis 1771, envers ceux qui ont cru
» pouvoir prêter leur miniftere aux Parties depuis cette
» époque.

» Les uns prétendent que ceux-ci feront exclus des fonc-
» tions qu'ils ont reprifes, ce qui paroît difficile à redouter
» d'une Compagnie auffi fage; d'autant plus qu'en ce cas
» ce feroit donc le petit nombre qui excluroit le grand :
» d'autres croient que ces diffentions inteftines s'appaife-
» ront par l'exemple & la prudence des Magiftrats, & que,
» tous les Membres de ce grand Corps fe réuniront pour
» confacrer leurs talens avec une nouvelle ardeur au fer-
» vice du Public. Les uns acheveront par-là d'illuftrer le
» courage qu'ils ont montré dans les dernieres épreuves ;
» les autres travailleront à faire oublier qu'ils ne les ont pas
» imités ».

Il n'y a jufques-là certainement rien dont on puiffe fe
plaindre : mais voici le venin.

« Au refte, peut-être en eft-il de ces deux manieres de
» fe conduire, comme du *mariage* comparé au *célibat*. La
» virginité eft affurément l'état le plus parfait ; mais les Ca-
» fuiftes les plus févères, n'ont jamais condamné ceux qu'un
» tempérament moins héroïque détermine à des unions in-
» diquées par la nature * ».

---

* Journal de Politique & de Litterature, année 1774, n° 5, pag. 195.

K

Je ne veux ni juſtifier, ni abandonner cette plaiſanterie. Au fonds elle contient une vérité ſolide, puiſque l'Ordre par ſa conduite paroît en avoir été touché. Mais je vous prie d'obſerver que ce Journal ne porte pas mon nom; que je ne ſuis point garant de tout ce qu'il renferme; que des mains étrangeres peuvent y contribuer, & y contribuent en effet quelquefois; que ſi cet article ſe trouvoit être d'une de ces mains, l'Aſſemblée qui l'a placé au rang de mes délits, auroit commis une injuſtice irréparable, qu'elle l'auroit pouſſée juſqu'à l'atrocité en refuſant de m'entendre, & d'éclaircir ce tort qu'un mot de ma part faiſòit évanouir.

SEPTIÉME GRIEF. *Vous avez déſavoué dans ce Journal, un éloge que vous y convenez d'avoir avoué dans le tsms que vous croyiez qu'il vous étoit utile qu'on vous en crût l'auteur.*

Juſqu'ici, MESSIEURS, vous n'avez vu que des frivolités, qui ont dû vous jetter dans l'étonnement, en ſongeant à l'importance qu'on oſe y attacher, à la gravité avec laquelle on en fait dépendre la vie civile d'un Citoyen.

Ceci eſt un peu plus ſérieux : vous voyez que le grief porte ſur-tout ſur un aveu, ou un démenti modifiés par la politique, & meſurés ſur un vil intérêt. Cette duplicité ſeroit honteuſe; malheur au cœur qui en ſeroit capable : heureuſement elle n'eſt pas dans mon caractère, & ce qu'il y a de plus étrange, c'eſt qu'elle n'eſt pas plus dans le Journal dont il s'agit. On y trouve à la page 109, ces propres termes : *On m'attribue des éloges que je n'ai jamais faits.* J'obſerve, il eſt vrai en même-tems, qu'il me paroît au-deſſous de moi, dans les circonſtances, d'inſiſter ſur ce déſaveu : mais au lieu de chercher dans cette délicateſſe une duplicité honteuſe qui n'y eſt pas, mes ennemis ne devroient-ils pas m'en ſçavoir gré ?

Moins j'ai eu de part à l'ouvrage qu'ils oſent m'imputer, ſur une mépriſe du Public, plus je rougirois d'inſiſter aujourd'hui ſur le déſaveu que j'en fais : c'eſt dans le tems que le Miniſtre qui en eſt l'objet, jouiſſoit de ſa faveur, que je pouvois m'élever ſans m'avilir, contre la calomnie qui me ſuppoſoit ſon panégyriſte, & c'eſt auſſi ce que j'ai fait.

Liſez-donc, Hommes trop crédules pour des rapports perfides, liſez-donc ce Mémoire donné dans les premiers jours de Février 1774, dans un tems où les ſecrets, qui ſe ſont révélés depuis, étoient encore cachés dans le ſein de la Providence ; dans un tems où vous déſeſpériez peut-être du ſalut de la Magiſtrature, où j'oſois l'annoncer, en prévoir la poſſibilité, & publier, imprimer mon vœu : eh bien ! dès ce tems-là, en répondant aux mêmes impoſtures dont vous ne dédaignez pas de devenir les échos, je diſois à la page 5 : *Je me trouve expoſé, par la fatalité des circonſtances, à des ſoupçons d'autant plus cruels, qu'il eſt preſque auſſi dangereux pour moi de les détruire, que de les laiſſer ſubſiſter ; à des ſoupçons qui m'ont attiré le reſſentiment d'un Parti que je n'ai point attaqué, tandis qu'ils ne me ſont d'aucune utilité auprès de l'autre que je n'ai pas ſervi.* Et à la page 14, je diſois : *On me dévoue à des reſſentimens bien redoutables, en m'attribuant des productions que je n'ai même jamais lues.* Huit mois auparavant, dans les Obſervations pour le C. de M. j'avois déjà tenu le même langage.

Et c'eſt d'un homme qui s'exprimoit ainſi à de pareilles

époques, dans des Mémoires deftinés à la plus éclatante publicité, que vous venez dire qu'il a changé avec la fortune,
qu'il défavoue aujourd'hui des productions qu'il a reconnues
dans le tems où il étoit utile qu'on l'en crût l'auteur. A-t-on
jamais commis une méprife plus cruelle & plus injufte?

Tels font cependant, MESSIEURS, les motifs qui ont entraîné l'Affemblée du 22. J'attefte le Ciel qu'on ne m'en a
point communiqué d'autres!

Je fçais que la rage de mes ennemis confternés de voir
leur proie près de s'échapper, hafarde de nouveaux efforts
pour me compromettre dans des cercles obfcurs, où ils font
bien certains que je ne les irai pas chercher : je fçais qu'ils
renouvellent, qu'ils reproduifent avec un air de fraîcheur &
de jeuneffe, de vieilles anecdotes dont le prétexte eft placé
à 15, 18 ans d'ici, par conféquent dans mon enfance;
anecdotes vérifiées, difcutées, démenties, détruites folem-
nellement il y a dix ans, lors de mon admiffion fur le Tableau
par mes Confreres, à qui l'on ne reprochera pas d'avoir
jamais eu pour moi trop d'indulgence; anecdotes auxquelles
je ne daigne pas même répondre, parce que s'il ne fuffifoit
pas de s'être juftifié une fois contre des calomnies, l'homme
de bien injuftement outragé, feroit plus à plaindre que le
coupable convaincu.

Celui-ci du moins une fois abattu fous le poids de l'accufation, n'a plus d'autre foin que de tâcher de faire oublier
fa faute; il jouit de l'efpéce de fécurité qui peut être com-
patible avec les remords; & la pitié publique allant au-devant de fon repentir, eft fouvent la premiere à lui en offrir
le pardon.

Mais l'autre éternellement pourſuivi, parce qu'il ne ſeroit jamais vaincu; toujours accuſé préciſément parce qu'il
ne ſeroit pas criminel, & qu'il ne paroîtroit jamais abſous;
toujours aux priſes avec l'orgueil des ſes prétendus Juges,
parce que ſa fierté s'indigneroit contre l'humiliation que
l'on croit pouvoir prodiguer aux hommes ſuſpects, & que
dans ces attaques ſans ceſſe renouvellées, l'ennui, le déſeſpoir de dire toujours ſans fruit la même choſe, mêleroit
enfin, malgré lui, l'aigreur à ſa juſtification, il conſume-
roit ſa vie dans les plus mortelles angoiſſes. La vertu alors
deviendroit à charge, & l'innocence funeſte.

Auſſi tous les Tribunaux ont-ils adopté, comme la ſauve-garde du repos public, cet axiôme ſacré, *non bis in idem;*
auſſi aux injuſtices que les Députés de mon Ordre ſe ſont
permiſes contre moi, n'ai-je pas à leur reprocher d'avoir
joint celle-là. Vous voyez qu'ils ſe ſont bien gardés de réveil-
ler des calomnies que la plûpart d'entre eux avoient déjà
jugées & rejettées avec indignation, il y a dix ans. Ils les
ont encore rejettées aujourd'hui, parce qu'au fonds ils
ſont honnêtes & juſtes *. Et s'ils y en ont ſubſtitué
d'autres qui ne ſont pas mieux fondées, c'eſt parce qu'ils
ont été foibles un moment & ſurpris.

---

* On ſeroit bien indigné ſi l'on ſçavoit tous les reproches auxquels a
été expoſé le Bâtonnier pour m'avoir écrit cette lettre. On lui a reproché
avec fureur d'avoir ainſi dérogé à l'uſage vraiment infernal de ne rien écrire &
de deshonorer des Citoyens, ſans qu'il reſte aucune trace des moyens qu'on a
fait ſervir à leur dégradation. Ce ſont ſans doute ces reproches qui ont ulcéré
Me Lambon, & l'ont entraîné contre moi à des procédés que ſon cœur ne lui
dictoit pas.

Si ces griefs n'exiſtoient pas par écrit, ſi je ne les poſ-
ſédois pas tracés d'une main reſpeſtable, on refuſeroit
ſans doute d'y ajouter foi ; on les placeroit au nombre de ces
prétendus jeux de mon imagination, qu'on m'a ſi ſouvent
& ſi injuſtement accuſé de produire comme des vérités.

Si jamais cette étrange affaire paſſe juſqu'à la poſtérité,
quelle idée aura-t-elle d'un ſiécle où ſur de ſemblables
inculpations un Citoyen irrépréhenſible a été livré par des
Hommes dont le devoir ſpécial eſt d'être éclairés, & ſur-tout
juſtes, à toute l'humiliation d'une procédure criminelle,
dont le premier pas a été de l'exécuter ; où des Confreres
ont commencé par lui dire : Meurs, parce que c'eſt notre
volonté, & nous n'entendrons pas tes raiſons ; où des Hommes vertueux d'ailleurs, ſe ſont hâtés de lui mettre le pied
ſur la gorge pour étouffer ſes cris, de peur apparemment
que leurs oreilles ne fuſſent frappées de ſes gémiſſemens.

Ah, mes Confreres ! en prononçant légerement cette
défenſe terrible de *communiquer*, avez - vous donc bien
réfléchi aux effets qui en réſultent ? Cette formule n'eſt-
elle pas chez nous ce qu'étoit chez les Romains l'*in-
terdiction du feu & de l'eau* ? N'attachez - vous pas à
ce mot cruel d'*excommunication* toute l'étendue qu'il
avoit dans des ſiecles d'une ignorance religieuſe & impi-
toyable ?

Un Avocat réduit à ce déplorable état ne devient-il pas
ſuſpeſt au Public, incapable de toutes les fonſtions ſocia-
les, étranger & même odieux à ſes Confreres ? Ne perd-
il pas ſa conſidération, ſes emplois, ſon rang ? N'eſt-il pas
dévoué à un opprobre ſans ceſſe renaiſſant, à un mépris

journalier, que vous vous faites un mérite & un devoir d'aggraver, fans qu'il ait de reffource pour s'en garantir ? Le decret de prife-de-corps n'a pas d'effets plus douloureux, plus funeftes que ce terrible anathême ; il enleve en un inftant à un Citoyen toutes fes facultés politiques, à la liberté près, qui n'eft plus un bien quand elle eft fouillée par l'ignominie.

Et c'eft à ce fupplice que vous livrez froidement, fans vouloir l'entendre, un homme à qui vous n'avez d'autres reproches à faire que ceux que l'on vient de voir.

Mais, me direz-vous, vous mettez trop d'amertume dans vos plaintes ; nous n'avons pas tout-à-fait refufé de vous entendre ; il eft vrai que dès que vous avez voulu ouvrir la bouche, nous vous avons ordonné de vous taire, & que quand vous avez infifté pour parler, plufieurs d'entre nous fe font livrés à un emportement peu décent : mais enfin ce n'eft pas précifément un déni de juftice que vous avez effuyé ; on a nommé des *Commiffaires* qui inftruiront votre procès tout à loifir, & fur leur rapport on ftatuera.

Des Commiffaires ! un procès ! Eh ! qu'étoit-il befoin de cet appareil ? Qu'eft-ce qu'un procès ? C'eft la recherche de la vérité ; & cette vérité, je vous l'apportois fans recherches, pouviez-vous donc trop vous empreffer de l'accueillir ? Vous aviez d'autres affaires : eh ! y en a-t-il de plus effentielle pour des Juges, que de réparer leurs méprifes ? de tirer de la douleur & de l'humiliation un Citoyen qu'ils y ont plongé par une erreur ? Et fi ce Citoyen eft un Confrere, combien ce devoir devient-il, je ne dirai pas plus facré, mais au moins plus preffant !

Faut-il que je rappelle à des Avocats que les Ordonnances enjoignent de vaquer aux affaires criminelles par
préférence à toute autre ? & ici c'étoit affurément une
affaire criminelle : c'étoit bien pis, puifque je me trouvois
jugé, condamné, exécuté avant l'inftruction.

Qu'étoit-il befoin d'ailleurs de ces Commiffaires? Pourquoi ce Tribunal nouveau établi entre vous & moi? Pouviez-vous même me renvoyer à eux? Vous n'êtes que des
Repréfentans, des *Délégués*. Eh bien ! oubliez-vous, ou
méconnoiffez-vous cet axiôme dont le Palais retentit jour-
nellement, qu'un Juge *délégué* ne peut pas *déléguer* à fon
tour? Ce n'eft pas pour nommer des Commiffaires que
l'Ordre vous a choifis, c'eft pour être les fiens.

Enfin direz-vous que je m'emporte mal-à-propos; qu'a-
près tout, ce n'eft ici qu'un *provifoire*; qu'on ne fait pas
ce qui peut arriver en définitif; qu'avec le tems on me
jugera, on m'exécutera dans toutes les formes; qu'en attendant, vous avez été bien aife de vous procurer la fatis-
faction de prononcer fur ce petit provifoire?

Qu'appellez-vous un provifoire? Quelle étrange provifion que celle qui commence par m'ôter mon état & mon
honneur ! Dans quel Tribunal la provifion tombe-t-elle
fur l'état d'un Citoyen? Dans quel Tribunal l'exécution
n'eft-elle pas due au titre? & y a-t-il un titre plus facré
qui exige plus de refpect que celui qui conftitue l'exiftence
d'un Membre de la Patrie ?

Dans les décrets même, dans ces terribles préliminaires
de la procédure criminelle, il y a des nuances; des trois
degrés qui menent la Juftice à la vérification des délits,

il n'y en a que deux qui ôtent à un accufé l'exercice provifoire de fes droits.

Et encore ces deux, les Ordonnances ne permettent
d'en faire ufage, que fur des preuves acquifes, ou fur les
plus fortes préfomptions : il faut un corps de délit conf-
tant ; il faut une dépofition formelle, ou des indices qui y
équivallent , & encore alors les Loix exigent-elles qu'on
ait égard aux qualités des perfonnes.

Mais ici, fans inftruction, fans procédure, fans qu'il y
ait, fans qu'il puiffe y avoir de délit conftaté, puifque la
preuve de la frivolité de l'accufation eft acquife par écrit,
vous me plongez dans une abnégation, une nullité à laquelle me réduiroit à peine un decret de prife-de-corps
rendu fur le forfait le mieux établi & le plus effrayant.

Quel eft donc le privilége des Avocats ? Se réduit-il,
pour les Membres, au malheur d'être privés du droit de
réclamer toutes Loix refpectées dans la fociété ? Va-t-il,
pour les Repréfentans du Corps, jufqu'à celui de les en-
freindre toutes indiftinctement ?

Où en ferions-nous, fi de pareils abus étoient, je ne dis
pas confacrés, mais tolérés ? Quand je ferois le Membre
le plus méprifable de la plus vile de toutes les claffes fo-
ciales, il ne feroit pas encore permis de me traiter avec
cette indignité. Il n'y a pas un feul être au monde , ex-
cepté un Avocat, à qui fes Confreres euffent le droit de
dire : Tu peux être innocent ; mais nous ne voulons pas
le favoir ; en attendant que cette volonté nous vienne, tu
gémiras fous l'opprobre du crime ; tous les Citoyens qui
pourroient t'honorer de quelque confiance feront eux-mê-

L

mes enveloppés dans l'anathême dont nous te frappons: s'ils s'obstinent à ne te pas sacrifier à notre injustice, nous leur fermerons les accès du Temple de la Justice ; nous allarmerons les Tribunaux par la crainte de se voir déserts & réduits au silence : on rougira, on pleurera peut-être de t'abandonner ; mais on y sera forcé, parce que tu es seul, & que nous faisons Corps ; en foulant ainsi aux pieds les Loix, l'équité, la bienséance, nous ne laisserons pas de les réclamer, de dire que nous sommes une Compagnie dont l'honneur, la délicatesse & l'équité font les premiers, les uniques liens; nous le dirons même avec la plus parfaite sécurité ; nous braverons à cet égard les jugemens du Public, ses craintes, ses soupçons, parce que chacun de nous à part assurera que son vœu personnel est contraire à ce vœu général, qui passera cependant pour être le résultat de tous les vœux particuliers.

Je respecte trop sincerement l'Ordre des Avocats pour le soupçonner seulement de pouvoir approuver une semblable manœuvre : mais enfin, s'il est permis de la lui attribuer avec impunité, ce sera donc la seule association de l'univers où les Membres pourront être ainsi traités au nom du Corps ; où l'innocence n'ait aucune ressource, & la justice aucun pouvoir ! Ce sera donc à la honte des Loix dans la Compagnie la plus spécialement consacrée à les étudier & à les défendre, qu'elles seront plus aisément & plus sûrement violées !

Si cette administration meurtriere est une puissance absolue contre laquelle aucune autorité ne puisse prévaloir ; si ses caprices doivent être des loix, & que ses décisions foient, comme les explofions de la foudre, un coup dont nulle protection humaine ne peut détourner l'effet, que le Gouvernement prenne donc des mefures pour détruire l'ignominie qui y eft attachée. Si la radiation peut être injufte, qu'elle ceffe donc d'être infàmante, & qu'il y ait des indemnités préparées pour les victimes que l'on facrifiera aux vertiges de ce defpote inflexible.

J'oferai dire à mes Confreres, à l'Ordre, dont on m'oppofe plutôt le filence que l'approbation : ce ne font pas mes intérêts que je défends ici, ce font les vôtres. Ne voyez-vous pas, Jurifconfultes éclairés, qui paffez vos jours à combattre par le fecours de la raifon & des Loix les écarts de la tyrannie, les abus de la force, qu'il vous fied moins qu'à tout autre de vous les permettre? Ne fongez-vous pas qu'une adminiftration violente & fondée fur l'injuftice ne peut être durable? Qu'en donnant à votre Jurifdiction une étendue fi cruelle, fi contraire à toutes les regles, vous la compromettez?

Elle a été refpectée jufqu'ici ; vos jugemens ont été des oracles dont il n'y a pas eu d'appel : mais c'eft qu'ils étoient juftes : c'eft que les hommes exclus par vous méritoient de l'être ; c'eft qu'ils avoient été jugés d'après un mur examen, & que des délits prouvés ne leur permettoient pas d'efpérer des Tribunaux une autre décifion.

Mais quand vous oublierez vos principes, vos Confreres feront-ils tenus de fe piquer de la même foumiffion? Vous avez droit de prononcer fur mon fort en premiere inftance : vous avez fur moi ce droit, comme je l'ai fur vous. En entrant dans cette affociation refpectable, j'ai confenti, fi je manquois aux loix de l'honneur, qui en eſt le lien, de vous prendre pour juges : oui pour juges ; mais non pas pour aſſaſſins ; & ſi le meurtre même d'un criminel, ſans formalités, eſt un aſſaſſinat, que fera donc celui d'un innocent?

Quand j'ai employé ſous la ſauve-garde des Loix la moitié de ma vie à me rendre digne d'un état pénible & utile au Public, ce n'a pas été pour courir le riſque de me voir dans l'âge mur exclus de cet état, exclus par un caprice odieux, exclus avec une ignominie qui me fermeroit l'entrée de tous les autres, en ſuppoſant que j'euſſe des talens univerſels. Il faut un délit pour motiver cette mort rigoureuſe, & encore une fois je n'en ai point commis.

Quelle doit donc être la pureté, j'oſe le dire, l'inculpabilité d'un homme contre lequel en dix ans de fureur, de rage, de recherches, de calomnies en tout genre, on n'a pu ramaſſer que les étranges puérilités que vous m'oppoſez? Mes mains ne ſont point ſouillées ; ma conſcience eſt intaĉte. Et vous me dévouez à l'opprobre, ſous prétexte que *je fais un Journal*, & que *vous ne m'aimez pas* *.

Il eſt bien ici queſtion de Journal & d'amitié : il s'agit de juſtice & d'eſtime : vous me devez l'une, & vous ne pouvez pas me refuſer l'autre. Qu'importe à ce Public qui nous écoute, à ces Magiſtrats qui nous jugent, à ces Clients qui implorent notre miniſtere, qu'une liaiſon affeĉtueuſe uniſſe les mains qui combattent devant eux, ou pour eux?

Ce qui leur importe, c'eſt que ces mains ſoient coura-

---

* Les griefs allégués depuis, ont été encore plus frivoles, ou plus odieux.

geufes & incorruptibles ; c'eft que le crédit ne puiffe pas
les défarmer , ni la crainte les engourdir. Eh ! qui d'entre
vous peut au moins en ce genre , citer plus de preuves que
moi ? Si vous aviez été à ma place , vous auriez montré le
même dévouement ; je le crois : mais ce que vous auriez
pu faire , moi je l'ai fait ; & c'eft dans cette fcène de gloire ,
d'honneur , de vertu, que chacun de vous, j'ofe le dire ,
devroit m'envier , que vous allez chercher des prétextes
pour me perdre.

Dans ce combat terrible j'ai bleffé quelques - uns de
vous ? Non : eux-mêmes, par une Sentence inique, avoient
violé les Loix ; je les ai vengées. Pour flétrir un innocent,
ils avoient renverfé toutes les régles de la procédure ; je
les ai réclamées. J'ai triomphé ; & ce qu'ils n'ont pas pu
contre mon Client, ils le pourroient contre moi. Vaincus
en juftice dans la lutte ouverte, ils auroient le privilége
de m'égorger en fecret dans ces affemblées.

Eh ! quel feroit donc le fort de tous les malheureux, qui
feroient traduits devant des Tribunaux où la fatalité de leur
deftin placeroit des Avocats pour Juges & pour Affeffeurs !
Où trouveroient-ils des mains pour les fervir , fi ces mêmes
hommes qui n'auroient , en exerçant comme Juges, qu'un
pouvoir borné , en avoit un illimité & defpotique , pour
flétrir comme Avocats, quiconque auroit ofé combattre
leur opinion judiciaire ?

Ne fentez-vous donc pas combien il feroit honteux pour
l'Ordre des Avocats que l'on pût avoir cette crainte ou
même ce foupçon ? Que fes Membres s'abftiennent d'exercer les fonctions de Juges , ou qu'ils fouffrent qu'on ofe

difcuter leurs jugemens ; qu'ils n'exigent pas de leurs Confreres chargés d'en demander la réforme, de respecter leurs
méprifes, & qu'ils n'aient pas le pouvoir de dire à ces
Confreres, quand ils ont le courage de remplir leurs fermens : Nous faurons bien te priver d'une faculté qui nous
a empêché d'être injuftes.

Cette idée cruelle me déchire le cœur. Je ne me confo-
lerois pas d'être forcé d'y ajouter quelque foi ; mais enfin
je vais la diffiper fans retour, ou y donner une telle évidence, qu'il ne fera même plus permis d'en douter.

Messieurs, il eft tems de mettre fin à cette indécente tra-
cafferie. Elle n'a que trop fcandalifé le Public & fait rougir
la Juftice. Le feul, l'unique grief que l'on puiffe m'objecter
avec quelque apparence de raifon, quoique contre toute
efpece d'équité ; c'eft d'avoir trop peu ménagé mes Confreres ; on veut que je les aie traités trop durement. Eh
bien ! c'eft une offenfe ; il doit y avoir des fatisfactions autres que la mort pour l'effacer : qu'on en fixe une, & je ne
m'y refuferai point.

Dès l'année derniere, dans un de ces attroupemens clandeftins, contre lefquels j'ai protefté, j'ai dit aux Avocats,
qui le compofoient, je vous récufe pour Juges, mais je
vous accepte pour Arbitres. Indiquez-moi un moyen com-
patiblé avec l'honneur, pour appaifer le reffentiment de
ceux d'entre vous qui ne peuvent me pardonner le mal
qu'ils m'ont fait, & je l'embraffe avec ardeur.

Cette propofition, Messieurs, je la renouvelle aujour-
d'hui devant vous : j'ofe vous prier d'en être les dépofitaires.
Si j'ai en effet des torts, ils ne font pas dans mon cœur :

je veux les réparer : daignez être les médiateurs entre la prévention acharnée qui me pourfuit, & le defir fincere que j'ai de la défarmer ; que mon honneur, que l'intérêt de mes Clients, & fur-tout celui de la Comteffe de Béthune foit fauf, & rien ne coûtera.

Mais après cette démarche, il faut que mes ennemis fe contraignent au filence ; s'ils perfiftoient dans leurs reffentimens, ils deviendroient plus repréhenfibles que je n'ai jamais pû l'être : une haine implacable eft un crime ; une vivacité paffagere n'en eft pas un.

Voilà, MESSIEURS, la juftification que je m'étois propo de préfenter à l'Affemblée des Députés de l'Ordre. En refufant de l'entendre, elle s'eft elle-même déclarée incompétente pour la juger. Il m'eft impoffible de reconnoître maintenant pour Arbitres de mon fort des hommes qui fe font permis d'excéder leur pouvoir à ce point, & d'écouter un reffentiment auffi aveugle.

Mais j'ofe me flatter qu'eux-mêmes inftruits par le Public de cette difcuffion à laquelle ils m'ont forcé de me livrer, voudront bien reconnoître la furprife qu'une chaleur momentanée leur a faite, & donner, en défavouant le réfultat de l'Affemblée, une preuve de la fageffe, de la modération, de l'équité qui caractérife chacun de fes Membres en particulier *.

L'Arrêt que vous allez prononcer, MESSIEURS, leur ouvrira un expédient facile pour fe tirer fans honte d'une con-

---

* Ils n'en font devenus que plus furieux & plus injuftes ; la réfolution du 26 Janvier le prouve.

jonĉture délicate: cet Arrêt poſtérieur à leur Délibération en détruira néceſſairement l'effet. Il deviendra le point de conciliation pour tous les intérêts : en me rendant mon état, vous ôterez à mes ennemis l'eſpérance de me le faire perdre: mes Confreres éclairés par la juſtification que je viens de vous préſenter, s'empreſſeront d'y acquieſcer : on ceſſera de perſécuter un homme que vous aurez abſous : le plus grand nombre prendra pour moi les ſentimens de bienveillance que j'ai eu le bonheur d'inſpirer à ceux d'entr'eux dont je ſuis connu : ils éprouveront tous que dans mon cœur un attachement inébranlable à mes devoirs, n'eſt pas incompatible avec une docilité reſpectueuſe pour un Corps où je me ferai gloire en tout tems de chercher des Modeles & des Maîtres.

Monſieur **S É G U I E R**, *Avocat-Général.*

M^e L I N G U E T, Avocat.

M O Y N A T, Procureur.

ARRET

ARRÊT DE LA COUR DE PARLEMENT.

LOUIS, PAR LA GRACE DE DIEU, ROI DE FRANCE
ET DE NAVARRE : Au premier Huiſſier de notre Cour de
Parlement, ou autre Huiſſier ou Sergent ſur ce requis ;
ſavoir faiſons, qu'entre Me SIMON-NICOLAS-HENRI
LINGUET, Avocat en ladite Cour, Demandeur en deux
Requêtes des quinze Décembre dernier, & deux Janvier
préſent mois, tendant à ce qu'il fût donné Acte des
Déclarations qu'il faiſoit, qu'il n'avoit entendu ni inſulter
l'Ordre des Avocats, ni nuire à l'eſtime due à cette profeſſion, ni calomnier aucuns de ceux qui l'exercent ; ce
faiſant, qu'il fût reçu Oppoſant au Jugement rendu en
forme d'Arrêt du Parlement, le onze Février mil ſept
cent ſoixante-quatorze ; faiſant droit ſur l'oppoſition que
ledit Jugement & la Procédure ſur laquelle il avoit été
rendu, fuſſent déclarés nuls & de nul effet, qu'il fût ordonné qu'il ſeroit autoriſé à continuer ſes fonctions d'Avocat, ſur le Tableau ; & attendu que ledit Jugement du
onze Février dernier, avoit été imprimé & publié, il fut
ordonné que l'Arrêt de notredite Cour intervenu, ſeroit
imprimé & affiché, par-tout où il appartiendroit, d'une
part, & M. le Procureur Général, d'autre part ; après
que Linguet, Avocat, en ſon nom, pour ce diſpenſé, &
Séguier pour notre Procureur Général, ont été ouïs pendant deux Audiences, NOTREDITE COUR reçoit
Linguet *oppoſant au Jugement du onze Février dernier ;*
faiſant droit ſur ſon oppoſition, *déclare nul ledit Jugement,*

M

enfemble tout ce qui a précédé & fuivi. Permet audit Linguet de faire imprimer & afficher le préfent Arrêt. Si MANDONS mettre le préfent Arrêt à exécution. DONNÉ en notre Cour de Parlement, le onze Janvier, l'an de grace mil fept cent foixante-quinze, & de notre Regne le premier. Collationné. *Signé* REGNAULT. Par la Chambre. *Signé* DUFRANC.

Le 12 Janvier 1775, fignifié à M. le Procureur-Général, par nous Huiffier au Parlement. *Signé* JARRY,

9 782329 685809